ГЕОРГ ТРАКЛЬ

ПОЛНОЕ СОБРАНИЕ СТИХОТВОРЕНИЙ

ГЕОРГ ТРАКЛЬ
ПОЛНОЕ СОБРАНИЕ СТИХОТВОРЕНИЙ

GEORG TRAKL
GESAMMELTE GEDICHTE

Translation, commentary, notes, and afterword:
ALJOSCHA PROKOPJEV

Editor:
MARIA GOTLIB

Typesetting, layout, and cover design:
ALEXEY KIROV

*Cover Photo: K. Trakl — Die Unvergessenen, Herausgeber Ernst Jünger,
in public domain*

© Aljoscha Prokopjev, 2026
© Virgola Press, 2026

*All rights reserved. No part of this book may be reproduced or transmitted
in any form or by any means, electronic or mechanical, including photocopying,
recording, or by any information storage and retrieval system, without permission
in writing from the publisher.*

First Edition

Virgola Press, New York, 2026
virgolapress.com

ISBN 978-1-968788-36-0

ГЕОРГ ТРАКЛЬ

ПОЛНОЕ СОБРАНИЕ СТИХОТВОРЕНИЙ

Перевод, комментарии и послесловие:
АЛЁША ПРОКОПЬЕВ

Экслибрис Тракля, выполненный
Максом фон Эстерле, 1913 год

VIRGOLA PRESS · NEW YORK · 2026

Скоро у сгнившей стены зацветут
Фиалки,
Зазеленеет — так же безмолвно — висок Одинокого.

Balde an verfallener Mauer blühen
Die Veilchen,
Ergrünt so stille die Schläfe des Einsamen

ОСНОВНОЙ КОРПУС

VON TRAKL
PUBLIZIERTE WERKE

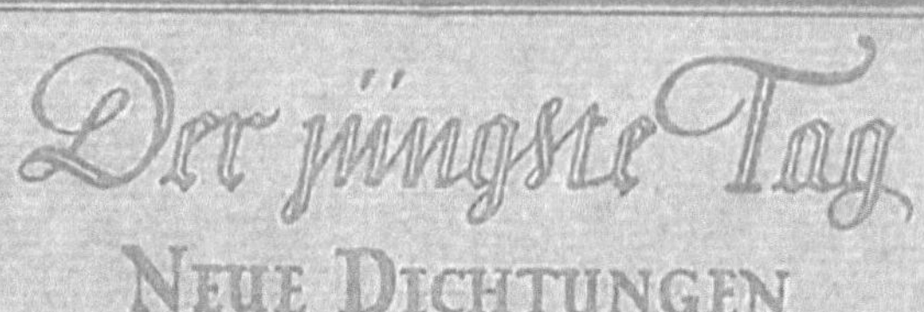

Обложка единственного прижизненного издания сборника стихов Георга Тракля — «Стихотворения», 1913.

СТИХОТВОРЕНИЯ

1913

GEDICHTE

1913

ВÓРОНЫ

DIE RABEN

В полдень над чёрной шныряют глушью
Вóроны — крик их гортанный в аду.
Тенью над оленихой — в виду
Сядут, галдя, и близко к удушью.

О как они борются с бурым молчаньем,
Которым нива упоена,
Как дурными предчувствиями жена,
И слышно, как ссорятся, вечным ворчаньем

Над падалью, сладким кусочком счастья,
И вдруг на Север ложится их путь
Похоронной процессией, тая как жуть
В ветре, дрожащем от сладострастья.

(1) В стихотворении примечательна цветовая инструментовка. Поскольку оно открывает сборник и — по итогу — весь корпус, то не может не задавать тон всему остальному. «Чёрный» в первой же строке и «бурый» во втором четверостишии: *schwarz* встречается в текстах более 200 раз, *braun* около 100, и если слово *schwarz* можно спокойно переводить как «чёрный», со словом *braun* так не получается. Я ставлю «бурый», когда речь о земле или листве, «золотистый», если речь о коже или песке, и «коричневый», если говорится о смерти.

Север — у многих экспрессионистов топография *postmortem*, постапокалипсиса, у Георга Хайма (*Georg Heym*), скажем, это «поток, который кустами и деревьями разливается на Север».

Alle Landschaften haben
Sich mit Blau erfüllt.
Alle Büsche und Bäume des Stromes,
Der weit in den Norden schwillt.

Таким образом, жанровая вроде бы сценка это не условное «грачи прилетели», а вóроны, устремляющиеся в страну смерти.

МОЛОДАЯ СЛУЖАНКА
Подношение Людвигу фон Фикеру

DIE JUNGE MAGD
Ludwig von Ficker zugeeignet

1

Вечерами у колодца
Забывается в улыбке.
Ходят вёдра у колодца,
Брезжит образ, лёгкий, зыбкий.

Вьются галки чёрной тенью.
Вьются косы, белобрысы.
Замирает бледной тенью,
Мерзкий писк услышав крысы.

Век опущенных коснётся,
Льстя ей, гибель, — воспалённых.
Ластясь, ног её коснётся
Гибель трав, жарой спалённых.

2

Вышивает: тихо-тихо.
Видит только двор пустынный.
Дрозд поёт ей тихо-тихо.
Плачет флейтой куст бузинный.

Облик в зеркале так странно
Смотрит на неё. Пугая,
Брезжит серебристо-странно
Чистота зеркал нагая.

Бредит песнь: батрак во мраке.
Как ей больно отчего-то!
Каплет Красное — во мраке.
Южный ветер бьёт в ворота.

3

Ночью шатко в лысом поле,
Одержима лихорадкой.

Ветер взвизгивает в поле,
Месяц слушает украдкой.

Скоро звёзды побледнеют.
От мучений изнывая,
Щёки, словно воск, бледнеют.
В испареньях гниль земная.

Тростником шумит болото.
Мёрзнет сжавшийся комочек.
Крикнул петел. Пал в болото
Жёсткий серый свет средь кочек.

4

Вверх взлетел кузнечный молот.
Сердце за ночь не остыло.
Увидала красный молот
И, как мёртвая, застыла.

Сквозь туман плывёт усмешка,
Закачались дружно стены.
Тяжела его усмешка
И, как молот, откровенна.

Брызжут огненные искры.
Пальцами хватая пламень,
Ловит огненные искры,
Тихо падает на камень.

5

В сладком страхе на постели,
Просыпаясь, умирает.
На застиранной постели
Золотой туман играет.

Резеда струится в окна,
Небо светло-голубое.
Залетает ветер в окна
В слабом колокольном бое.

Пляшут тени на подушках,
Бьют часы тревожно-грубо.

Тяжко дышит на подушках,
Алой раной рвутся губы.

6
Простынёй кровавой — вечер,
Тучи плавают над чащей
Грязной простынёй под вечер.
Воробьи шумят все чаще.

Белая, лежит во мраке.
Нынче голуби не в духе.
Словно падаль в чёрном мраке —
Облепили рот ей мухи.

Вьются скрипки над водою,
Танец сиплый, безголосый.
Лик всплывает над водою,
В лысых ветках вьются косы.

(2) По сравнению с ранним переводом* теперь все цветовые
эпитеты на месте, и облик служанки странно *(fremd)* смотрит на
неё из зеркала, а зеркало пугает своей чистотой.
     О слове *fremd* см. в разделе 3. *Послесловие переводчика.*

ЛЮДВИГ ФОН ФИКЕР (*Ludwig von Ficker*, 1880–1967) — один из
первых публикаторов (и благодетелей) Тракля, редактор авангар-
дистского журнала *Brenner.*

---

*   Георг Тракль. Избранные стихотворения. Перевод с немецкого, предисловие и ком-
ментарии А. Прокопьева. М.: *Carte Blanche*, 1993.

РОМАНС К НОЧИ

ROMANZE ZUR NACHT

Отправился под звёзд шатром
В ночь Одинокий. Мальчик — дик,
Вскочил, всклокочен сном, а лик
В луне — тлетворным серебром.

Юродивой скулящий вой
Там, за решёткой: взгляд, что лёд.
Влюблённых сладкий ход и лёт —
В пруду их облик теневой.

В вине — убийца — бледность рта,
Крива. Больных съедает страх.
Монашка — голой бьётся впрах
Пред крестной страстию Христа.

Чуть слышно мать во сне поёт.
Малыш взирает в ночь и за:
Да, истинны его глаза.
В борделе смех, и ночь идёт.

Свечу жжёт в погребе кривой
Белеющий мертвец, вчерне
Молчанье чертит на стене.
И шепчет Спящий чуть живой.

(3) В третьем стихотворении сборника 1913 года герои и ситуации
сменяют друг друга с калейдоскопической быстротой, в жёстком
четырёхстопном стихотворении с мужскими клаузулами, при
необходимости непременного фиксирования абстрактных, но
жутко реальных Одинокого и Спящего (причудливые абстракт-
ные персонажи в духе Метерлинка), когда всё только театр, под-
мостки, всплески фантазии, ошмётки видений, сладкая живопись
распада, ещё видны следы декаданса, с одним исключением:
глаза младенца — истинны (*wahrhaftig*). Плотность и скорость —
признаки экспрессионистского видения мира посреди декаданса
(горькое лекарство для выздоровления языка искусства).

ГДЕ КРАСНАЯ ЛИСТВА, ВЗМЕТАЯ…

IM ROTEN LAUBWERK VOLL GUITARREN…

Где красная листва, взметая
Девичью прядь, в гитарных волнах
Плывёт и тонет, — жёлт подсолнух.
Карета в тучах золотая.

В покойной бурой тени глухи
Старухи, их объятья кротки.
Взывают к Весперу сиротки.
Жужжат в исчадье жёлтом мухи.

У прачек в стирке передышка.
Как вздулась простыня, крылата!
Сквозь страшные лучи заката
Опять прошла моя малышка.

А воробьи свалились с неба
В зелёные — гниенья — ямы.
Голодный в грёзах видит прямо,
Как пряно пахнет корка хлеба.

(4) С этого стихотворения сборника 1913 года со скромным названием «Стихотворения» *Gedichte* начинается «настоящий» Тракль, где «монтаж» (резкая смена планов) сочетается с «серафическим тоном» *seraphischer Ton* (против которого выступил Готфрид Бенн в 50-е), цветовыми эпитетами в роли абсолютных метафор* и с неаппетитными подробностями, написанными однако с такой метафизической глубиной («зелёные ямы гниенья»), что она затмевает предмет высказывания. Важно, что появляется сестра-возлюбленная («малышка»), и теперь её присутствие будет ощущаться постоянно. Звук, запах, цвет, мелодический рисунок, просодия, — вот горючая смесь, по которой авторство распознаётся немедленно. а ещё будут из раза в раз повторяться струнные переборы гитары, то как навязчивое сопровождение, то как всхлипы судьбы, то как примета сниженного, «разжалованного» романтизма …

---

* Об Абсолютной метафоре см. в *Послесловии переводчика*.

МУЗЫКА В МИРАБЕЛЕ
(окончательная редакция)

MUSIK IM MIRABELL
(Endfassung)

Родник взял ноту. Облака
В лазури ясной — белоснежны.
Безмолвные, в руке — рука,
В саду гуляют пары нежно.

Седой кладбищенский гранит
И птичий клин хитросплетений.
И фавн мёртво туда глядит,
Где в тьму переползают тени,

И — красно — с дерева, падуч,
Летуч, в окно вдруг лист влетает.
И огненный в пространствах луч,
Рисуя призрак страха, тает.

И белый Странник входит в дом.
Собака бросилась с лежанки.
Ночной сонаты метроном.
Лицо задувшей свет служанки.

(5)   Здесь впервые появляется *der Fremdling* (Пришлец, или Странник), причём не сразу, а только во второй редакции — в первой его не было (см. раздел «2.4 Другие редакции опубликованных при жизни стихотворений» (*2.4 Doppelfassungen der zu Lebzeiten publizierten Gedichte*)). В стихотворении «Молодая служанка» отражение уже глядело из зеркала на героиню *fremd* (странно, отчуждённо). И теперь Странник будет проходить по страницам книги, иногда превращаясь в абстрактное существительное *ein Fremdes* (Странное — Постороннее), как в стихотворении «Весна души», которое разбирает Хайдеггер в одном из двух своих эссе о Тракле («Душа на земле — Постороннее»), или в нечто Пришлое, кому как нравится. Мой выбор: Странник — странный — Постороннее, как уже решил более двадцати лет назад, иначе не получится провести сквозной слово-образ, завязаннй на корнесловии.

МИРАБЕЛЬ (*Mirabell*)   замок и парк в Зальцбурге. (Название образовано из двух итальянских слов — *mirabile* и *bella*).

МЕЛАНХОЛИЯ ВЕЧЕРА

MELANCHOLIE DES ABENDS

— Лес умер, где его границы? —
И тени вкруг, как загородки.
Ручей чуть слышно бьётся, кроткий,
И птица из укрытья мчится,

Где папортник, надгробный камень,
Венки — плеск серебра и блески.
И скоро — в чёрных безднах всплески.
— Там звёзд, наверно, бьётся пламень? —

Равнина сверху — безразмерна,
Болото, луг, деревни, кочки.
Блуждающие огонёчки.
Холодный блеск — скупой, неверный.

Всё небо в заревах проплешин,
Взмывают птичьи караваны
В другие, царственные, страны.
Камыш, как пьяный, безутешен.

(6) В стихотворении происходит интенсивная игра звука — с цветом и светом (или с его отсутствием — мраком), живого (животного, природного) с неживым (мёртвым человеческим, кладбище). В третьем четверостишии масштабная смена плана — сначала вид сверху, затем — сразу же снизу. И последняя строка — качающийся камыш. Кино. (Я не шучу, по этому стихотворению можно сделать отличный фильм).

ЗИМНИЕ СУМЕРКИ
Максу Эстерле

WINTERDÄMMERUNG
An Max Esterle

Неба чёрного металл.
Алый шквал прошёл над парком
И ворон с их диким карком
По аллеям разметал.

Луч застыл — и вдруг пропал.
Сделав круг, упали рядом,
Сатаной гонимы, адом,
Семь голодных прилипал.

Рылись в мусоре, взлетал
Клюв над тихой перепалкой.
Жутко, сладостно и жалко
Блещет, зол, театра зал!

Церковь, мост, больница. Пал
Полумрак на дно канавы.
Вздулись простыни, кровавы:
Парус. Алый шквал. Канал.

(7) Интенсивность звучания стиха добирается до инфернальных глубин. Достигает этого автор сочетанием 4-стопного хорея с опоясывающей рифмовкой, монотонно повторяющейся из строфы в строфу. В переводе удалось сохранить только опоясывающий монорим.

Но сохранять все красоты техники в задачу-то и не входило. Тем более что несовпадающая схема рифмовки заменяется ассонансами в этих же местах на «а» и усиливается огласовками «ал — ол» по принципу дополнительности (можно ещё проследить за слогом «пал-пол») и вниманием к цвету — у меня чёрный и алый (именно алый, чтобы в абсолютной метафоре участвовал и звук), — необходимый эффект, как мне кажется, всё-таки производится. Стоит отметить также третье уже появление «простыни» в сборнике (в «Молодой служанке» после простыни облаков — чёрными простынями был укрыт лес, в другом стихотворении простыня тревожно «вздувается» у прачек на пруду; теперь «запачканные кровью простыни вздуваются»).

МАКС ФОН ЭСТЕРЛЕ (*Max von Esterle,* 1870–1947) — художник и портретист, работавший в журнале «Бреннер» (*Der Brenner*), где с августа 1912 чуть ли не в каждом номере печатались стихи Тракля. Возможно, в его мастерской Георг намалевал свой «Автопортрет» (1913), свидетельствующий, скорее, о взвинченном состоянии поэта, нежели о его живописных способностях, крайне скудных. То ли дело живопись в стихах!

РОНДЕЛЬ

RONDEL

Расплылось золото дневное.
В кровоподтёках обнаружась:
Пастушьих флейт предсмертный ужас,
В кровоподтёках обнаружась —
Расплылось золото дневное.

(8) Двойственность значений цветовых эпитетов в оригинале даёт возможность перевести это иначе:

Расплылось золото дневное,
По буро-синему заката:
Пастушьих флейт нежна утрата
По буро-синему заката
Расплылось золото дневное.

На мой взгляд, взгляд переводчика, твёрдые формы, которых старались держаться два из трёх великих представителей немецкого экспрессионизма, Георг Хайм и Георг Тракль, только мешали им. Это «пережиток» предыдущей эпохи. Но с другой стороны, зачастую несоответствие (условно) формы и содержания приводит к невероятно эффектным следствиям.

БЛАГОСЛОВЕННА В ЖЁНАХ

FRAUENSEGEN

Шествуешь среди подруг,
Улыбаясь, как на плахе:
Дни с собой приносят страхи.
Выцвел мак — и бел от мук.

Плоть твоя, твоя краса,
Виноград налился соком.
Пруд косит зеркальным оком.
Принялась косить коса.

Но роса сбивает жар.
Листья вниз струятся красно.
Мавр к тебе льнёт — грубо, страстно,
Бурый траурный муар.

(9) Обращение к сестре: совершенно откровенное, наполненное страстью, ревностью, страхом за неё и страхом господним: страстное религиозное чувство при абсолютной нелюбви к религии в целом видно уже по названию. Цвет не «символистский», но проявляется здесь как частный случай «абсолютной метафоры».

Об Абсолютной метафоре см. 3. *Послесловие переводчика.*

Главные изменения по сравнению с ранними переводами в трёх последних строчках, не просто «красные листья», а, например, ближе к оригиналу — «листья вниз струятся красно».

5 апреля 1913 года, после того как Тракль получил от издательства *Kurt Wolff Verlag (Rowohlt)* предложение опубликовать сборник своих стихотворений, Эрхард Бушбек пишет Георгу в Инсбрук: « ...Что касается стихов: ...Ты ведь простишь мне, что я собственной рукой вычеркнул из стихотворения *Frauensegen* рефрен *Dulde dunkle Eva* („Терпи, тёмная Ева"), ведь ты сам дал мне на это своё согласие»*. Явное отражение душевных коллизий между тремя молодыми людьми. Но без этого рефрена и правда лучше.

Об Эрхарде Бушбеке см. комментарий к ст. *(49).*

---

*   Gebhard Rusch, S. J. Schmidt Das Voraussetzungssystem Georg Trakls. 346 S. Vieweg & Teubner (Verlag), 1983. 978–3–528–07326–8 (ISBN)

КРАСИВЫЙ ГОРОД

DIE SCHÖNE STADT

Рынок — солнечно — в молчанье.
Кроткие монашки в спешке,
В тень от буков — перебежки,
В синь и золото, в молчанье.

В буро освещённых храмах
Смерти чистые картины,
И гербы князей — картинны.
И блестят короны в храмах.

Кони скачут из колодца.
Когти тянутся соцветий.
Дети, спутав всё на свете,
В тихих играх у колодца.

Девушкам, что у ворот ждут,
Краски жизни робко любы.
Влажные, дрожат их губы.
И они всё у ворот ждут.

Колокола дрожь, и звуки
Марша. Крики стражи рвутся.
Слышат Странники, как льются
В неба синь — органа звуки.

Инструментов визг и пенье.
Сквозь листву садов, их рамы —
Вьётся смех, щебечут дамы,
Матерей уснувших пенье.

Душный сквозь цветы на окнах
Дёготь, ладан, дух сирени.
Веки в серебре томлений
Чуть сквозят в цветах на окнах.

(10) Вновь со всей силой работают «монтаж» и цвет как частный случай абсолютной метафоры; используется та же техника, что и в «Романсе к ночи», но рисунок теперь не лишён известного изящества. Звуки ярко-контрастны и соперничают с цветом, в каденции начинают вести свою партию запахи. В каждом четверостишии — какие-то люди (во втором — умершие), последняя строфа обходится одними ве́ками (даже не глазами), да и те прячутся, они еле видны за цветами в окне.

О понятии «монтаж» см. *Послесловие переводчика*.

В ПОКИНУТОЙ КОМНАТЕ

IN EINEM VERLASSENEN ZIMMER

Цветники живых видений
Льёт и льёт орган в окно.
На обоях пляшут тени,
Сумасшедшее рядно.

Куст, охваченный пожаром.
Комариных стаи туч.
Звон косы — в сверканье яром,
И поёт старинный ключ.

Кто в лицо мне дышит нежно?
Нечет ласточек и чёт.
Золотой страной безбрежно
И бесшумно лес течёт.

В цветниках — огонь видений,
Сумасшедшее рядно —
На обоях жёлтых тени.
Кто там в дверь глядит, в окно?

Ладан пахнет грушей вялой,
Ночь на стёклах — тёмный гроб.
К белым звёздам запоздало
Клонится горячий лоб.

(11) В этом стихотворении (название которого можно было бы, отталкиваясь от смысла слова «покинуть», перевести как «В комнате, где никого нет») видение изменённого сознания характеризуется внутренним ощущением «перехода», растекания, отсутствия границ, не-соразмерности, которое уже было нащупано в «Меланхолии вечера», золотой лес течёт, и у него снова нет границ. Разнообразные звуки в первой и второй строфах (орган, комариная туча, косы, древний источник), на третьей словно обрываются, и воцаряется молчание. Риторический вопрос «чьё дыханье пришло ласкать меня?») звучит (не звучит! не раздаётся! происходит) в полной тишине. Ласточки чертят знаки, начертание знаков — вот выражение немоты! и тени на обоях, начавшие плясать вместе со звуками органа, теперь пляшут беззвучно. И кто-то стоит в дверях и смотрит. И совершенно непонятно в концовке, чей это горячий лоб клонится к белым звёздам. Такое ощущение, что субъект стихотворения смотрит сам на себя. И крутится плёнка.

МАЛЬЧИКУ ЭЛИСУ

AN DEN KNABEN ELIS

Элис, в чёрном лесу тебя уже кличет дрозд —
Это значит, пора закатиться.
Синий холод ключа, бьющего из скалы, пьют твои губы.

Бог с ним, пусть бы чело твоё кровоточило
Соком древних легенд,
Тёмным смыслом в полёте птиц.

Но так мягко ты входишь в ночь,
Что она распустилась багряными гроздьями.
А движения рук твоих даже прекраснее в синеве.

И терновник шумит —
Ветер занёс туда лунные очи.
Как давно уже умер ты, Элис!

Плоть твоя — гиацинт, и в него
Погружает монах восковые пальцы.
Наше молчанье похоже на чёрный зев,

Из которого изредка нежный выходит зверь,
Опускающий медленно сонные веки.
На виски твои падают капли чёрной росы —

Звёзд подгнивших лежалое золото.

(12) Первое стихотворение в книжке, написанное без рифм и не-регулярным метром. Это позволяет Траклю добиться множества новых эффектов: сочетания длинных и коротких строчек ведёт к возникновению пустот (пауз), не менее важных, чем звучание стиха. (Одним из первых обратил на внимание этот приём у Тра-кля не кто иной, как Рильке)

Элис — помимо гипотез, опубликованных во множестве — для меня просто синкретический образ (один из многих у Тракля), вбирающий в себя (как и *Helian* в дальнейшем — от *Helianthus*, подсолнечник) — солнце (пора закатиться), «солнечного маль-чика»= сестру (так он называет её в другом стихотворении), подсо-лнечник (из того же Ван-Гога), странствующую душу, и объект пер-версии, который он рассматривает «по ту сторону», в траклевском зазеркалье — там, где жизнь продолжается после смерти. Иными словами, это одно из «имён» сестры, Грэтль.

Самый мощный здесь образ — грандиозная картина, когда антропоморфное (закатившееся, умершее) солнце «тихими шагами» входит в ночь, а всё, что следует за этим, — невероятная живопись словами. Умерший мальчик-солнце — именно такова перверсия сестры в сознании Георга.

Другие редакции см. в разделе 2.4 *Другие редакции опубликованных при жизни стихотворений* .

НЕНАСТНЫЙ ВЕЧЕР

DER GEWITTERABEND

Эти красные закаты!
Виноградом перевиты,
Голубою тьмой объяты,
Страхи в окна бьют сердито.

Пыль клубится — сток вонючий,
Звон стекла в дрожащей раме.
Жеребцов горячих тучи
Хлещет молния кнутами.

Окон всхлип иль чаек. С треском
Зеркало пруда разбилось.
Скачет пламя перелеском,
В елях вспыхнуло, забилось.

Крик истерики в больнице.
В перьях ночи сизый слышен
Свист, и вдруг сверкнёт зарница:
Дождь блистая бьёт по крышам.

(13) Итоговый вариант максимально приближен к оригиналу.
Ранняя версия перевода последнего катрена:

Крик истерики в больнице.
Синий посвист в перьях ночи.
И внезапно, как зарница,
Дождь сверкнул ей прямо в очи.

МУЗА ВЕЧЕРА

ABENDMUSE

В цветник под окнами тень колокольни странно
Льёт Золото, со лба сгоняя воспаленье.
Как хорошо! — ты шепчешь: боль, томленье, тленье.
Источник падает во мрак ветвей каштана.

Пустынной площади — без сна, листа и краски —
Внимает траурная роскошь врат тяжёлых.
И нежных игр в саду шуршащий тихо полог
Скрывает встретившихся для безумной ласки.

Так хорошо душе дышать — колдун весь в белом.
Вокруг хлеба шумят — жнецы после полудня
Ушли в дома, в молчанье снов, в терпенье будней.
Фонарь в хлеву. Корова спит всем мягким телом.

От ветра пьяные сомкнутся веки слаще —
И глубь чужих и странных звёзд не знает броду.
Эндимион, сойдя из тьмы дубовой чащи,
Глядит в печальную бестрепетную воду.

(14) После фантастической динамики и ужаса предыдущего — дикая скорость переключается на очень медленную. Тот же самый гениальный *cameraman* производит тот же «монтаж» (то есть, смену резкую смену планов и перспективы), но страсть уходит вглубь. На техническом уровне это обеспечивается переходом к шестистопному ямбу (от четырех стоп хорея в предыдущем стихотворении) — но какому! Противу всех правил, установившихся в немецкой поэзии аж с XVII века, а во французской — ещё раньше (так называемый александрийский стих с обязательной цезурой на третьей стопе), Георг пишет бесцензурный шестистопник. (Это как если бы александрийский столп лишился опоры и повис в воздухе силой любви и тоски).

Не все строки, конечно, но большая часть напоминает напряжённое *legato*, читать их надо не делая пауз от первого слога до последнего. И тут хороши оказываются длинные слова, которые в обычном стихотворении часто не знают, куда себя деть — «встретившихся», «бестрепетную». В таком меланхоличном созерцании не может обойтись без любви к сестре и тоски по ней. Когда Георг говорит «игры в саду» и «для безумной ласки» — это всегда о ней, о Грэтль. В самом стихотворении полно мистических красот — источник падает «во мрак ветвей каштана», то есть в никуда, не говоря уже о том, что здесь появляется один из сквозных персонажей — белый Маг. И изумительна концовка — веки закрываются, а в следующей строке открываются они «*zu fremden Sternenzeichen*», т. е. Эндимион видит чужие (странные *fremd!*) знаки звёзд, чужой Зодиак. Не на Земле, а в другом уголке космоса, где у звёзд иная констелляция. Появление Эндимиона поэтому совершенно не случайно.

Из важных исправлений — одно: как раз про эти чужие (нездешние) звёзды, каюсь, в первом издании это просто выпало у меня (решались другие задачи).

Осталось сказать, что Муза Вечера — это, скорее всего, Селена, по просьбе которой Эндимион получил от Зевса бессмертие, вечную молодость, но погрузился в такой же вечный сон. На самом деле у Георга одна муза — его сестра.

ВИДЕНИЕ ДУХА ЗЛА
(1-я редакция)

TRAUM DES BÖSEN
(1. Fassung)

Звук золотой пролился гонга, дабы
Влюблённый вздрогнул в чёрном сне разлуки —
В каморках чёрных: парус, мачты, руки,
По щёкам скачут огненные жабы.

Там паника: монах, на сносях баба.
Бушлаты красные. Гитары звуки.
Каштаны в золотой одышке муки.
Убор церквей скорбит черно и слабо.

Под маской выцветшей Дух Зла таится.
Летит во мрак лик площади сожжённой.
На островах — закат и шёпот жаркий.

И видит ясный знак в полёте птицы —
Что к ночи он истлеет — прокажённый.
Брат и сестра дрожат в заглохшем парке.

(15) Здесь уже (античные) маски сброшены, прямо говорится, «брат и сестра» («…дрожат в заглохшем парке»).

Появление прокажённого — след страха господнего наказания за инцест.

Стихотворение вошло в прижизненный сборник в первой редакции, позже автор пытался сделать из него что-то иное, но либо не смог, либо не успел.

ДУХОВНЫЙ СТИХ

GEISTLICHES LIED

Знаменье цветы творят:
Вздрогнул, как шитьё, цветник.
Льётся Бог — к стеклу приник —
Голубым дыханьем — Сад,
Ясный Сад.
Крест, воздвигнут, — в виноград.

На селе — веселья чад,
У кладби́ща жнёт старик.
Золотом скользящий блик —
Звук органа, свет и лад:
Свет и лад.
Хлеб с вином — Любви обряд.

В танце девушки горят,
Петуха последний крик.
Жар молитв, посулы книг,
Прутья ветхие оград,
Розы в ряд —
Бел, Мария, твой наряд.

Нищий молится у врат,
К камню пал — как мёртв — приник.
С гор пастух спустился. Тих,
Ангел детям пел, что — спят,
В роще спят —
В ближней роще дети спят.

(16) «Красивое и страшное», обычное дело в эпоху экспрессионизма. Твёрдая форма — как символ и колея неизбежного. Звук опять сливается с цветом (с золотым сиянием), и это благодаря игре на органе. При этом неопределённый артикль указывает на то, что (какой-то) орган играет (где-то), и это где-то — не обязательно церковь.

> *Leise eine Orgel geht,*
> *Mischet Klang und goldenen Schein,*
> *Klang und Schein.*

Дословно:
> *Тихо играет орган,*
> *Смешивает звук и золотое сияние,*
> *Звук и сияние.*

От такой поэзии волоски на коже встают, как наэлектризованные. Звук и свет, но свет — золотой.

ОСЕНЬЮ

IM HERBST

Сияют подсолнухи вдоль оград.
Больные на солнце пригрелись днём.
Поющие жницы в полях стоят
И звон колокольный хватают ртом.

Там птиц — разговор их в просторах — хор;
И звон колокольный хватаешь ртом.
Там нежная скрипка терзает двор.
В давильнях стал плод багровым вином.

Кто набожен, кажется, рад теперь.
В давильнях стал плод багровым вином.
В покойницкой шире распахнута дверь.
Сияет на солнце — прогрелась днём.

(17) Упоминание морга стало привычным для «экспрессионистского десятилетия» (термин Готфрида Бенна). Но важнее в стихотворении исчезающий звук, «поющие жницы» только изображаются поющими (характерно: стоящими, распрямившимися, как символ смерти, они же стоят с серпами в руках), колокольный звон заглушает их пение, звук не «исходит» из женских фигур, а «входит» в них.

ВЕЧЕРОМ — МОЁ СЕРДЦЕ

ZU ABEND MEIN HERZ

Вечером слышишь свист летучих мышей.
Два вороных на лужайке резвятся.
Красный клён шелестит.
Страннику явится этот трактир у дороги.
Блаженство сулят молодое вино и орехи.
Блаженство: хмельным — как стемнеет — шататься в лесу.
Сквозь чёрные ветки — скорбный напев колокольный.
Капля росы — на лицо.

(18) Стихотворение являет раздвоение и слияние: непонятно, кто это слышит, и видит, и ощущает. Странник сливается с субъектом стихотворения и наоборот. Путь в никуда. Блаженство и безысходность композиции.

КРЕСТЬЯНЕ

DIE BAUERN

Зелёное, красное — шум в окно.
Под низким от копоти потолком
Крестьяне обедают, сев рядком:
Ломают хлеб, наливают вино.

В глубоком молчанье идёт обед.
Корявое слово летит с языка.
И вдруг в них поля сверкнут слегка.
И неба свинцовый свет.

Очаг зачах в гримасе тоски
И воздух звенит от мух.
Пугливых батрачек встревожен слух —
Кровь шумно стучит в виски.

О, взгляды их алчны, как жажда греха!
Звериным духом повеял мрак.
Уныло молитву бубнит батрак.
А за дверью — крик петуха.

И снова — в поле, где злак тугой
Колосится, внушая страх.
И косы взлетают в один мах,
Чтоб дружно упасть — в другой.

(19) Расшатанный дольник, сообщающий стиху чуждую Траклю расхлябанность, как нельзя лучше передаёт своеобразную экспрессию, грубую «реальность», хотя это тоже видение. Напомню, что первое стихотворение было о юной служанке. Начинается сразу с красного и зелёного — любимых у художников-экспрессионистов дополнительных цветов, для неконвенционального сталкивания их на холсте — для создания эффекта нарочито «грязной» живописи, мазни, в пику слишком «красивоватой» и поэтому мёртвой живописи югендштиля. Косы в последней строфе ставят знак равенства между этой грубой реальностью и смертью.

ДЕНЬ ПОМИНОВЕНИЯ
Карлу Хауеру

ALLERSEELEN
An Karl Hauer

Фигурки женщин и мужчин: нелепы
И крохотны. Они цветы кладут
На тихо вспыхнувшие светом склепы.
Фигурки. Куклы. Сами смерти ждут.

Томит их страх и жжёт дотла смиренье,
Стоят, как тени чёрные куста.
В осеннем ветре — Нерождённых пенье.
И огонёк блуждает неспроста.

Влюблённых стон — вот-вот мелькнут их лица.
Беременная под землей гниёт.
Но призрачней — живущих вереницы,
А вечером их ветер унесёт.

Их жизнь запутана, полна страданий.
Спаси Господь тебя и сохрани
От женских мук и тяжких их рыданий.
А в звёздных залах тихо — мы одни.

(20) Довольно типичное и темой и подачей для круга экспрессионистов (не считая совершенно траклевского образа Нерождённых, берущего своё происхождение из творчества кумира юности, Метерлинка; а также подчёркиванием, что рождённые ещё призрачнее первых), выделяется последней строчкой — *Einsame wandeln still im Sternensaal*. Одинокие бродят тихо по звёздному залу. Ради этой последней строки — всё стихотворение.

Надо отдать должное и композиционным приёмам Тракля в сборнике «Стихотворения» 1913 года. Призрачное и неживое этого текста идёт сразу же за грубым, плотским и тугим — в «Крестьянах».

КАРЛ ХАУЕР (*Karl Hauer*, 1875–1919) австрийский журналист, публицист круга Карла Крауса. В 1911 году ненадолго сблизился с Георгом. Рано умер от чахотки. Но Тракль погиб ещё раньше.

МЕЛАНХОЛИЯ
(3-я редакция)

MELANCHOLIE
(3. Fassung)

Синь или тень? Глаза, что плыли рядом —
Как вы темны! — глядясь в меня. Рекою
Гитары льются, осень льёт тоскою, —
В сад, тронутый листвы гнильём и ядом.
Там нимфа нежно гладит смерть рукою,
К сосцам, истёртым в кровь, гноясь распадом,
Льнут губы, локоны блистают ядом
У солнца-мальчика, лиясь рекою.

(21) И снова — в текучую, густую, влажную перверсию, в 21-м стихотворении — строки зеркалят. Причудливая рифмовка *ABBABAAB* (при том, что *BBB* второй, третьей и восьмой строки и *AA* четвёртой и седьмой — вовсе не рифмы, а повторяющиеся слова; соблюдать всё это формальное великолепие в переводе до последнего грошика не стоит, главное — воспроизвести эту зеркальность) создаёт ощущение «дурноты», усиленной своеобразной декадентской лексикой. Солнце-мальчик, как уже говорилось в комментариях к «Элису», это младшая сестра Георга, Грэтль, как объект страсти и перверсивного психоделического ужаса.

Всех «отроков» в ранних версиях перевода я заменил на «мальчиков».

ДУША БЫТИЯ

SEELE DES LEBENS

Листва вся в сумерках гниенья,
В лесу живёт её молчанье.
Сестры что шепчут губы сквозь качанье
Ветвей чернеющих? Как призрачно селенье.

Исчезнет скоро Одинокий,
Вон тот пастух, чего же проще.
Выходит зверь из-под аркады рощи,
Пред божеством мы все прекраснооки.

И голубая речка слаще,
И облаков в закат теченье.
Души молчанье — ангельское пенье.
Лик Преходящего заходит в чаще.

(22) Сестра теперь всюду, в каждом стихотворении. В сочетании с торжественным образом заходящего Светила: солнце — сестра — лик — Преходящее сливаются в призрачности бытия, являясь одновременно тем сакральным «четвериком», за которым наблюдает Одинокий, сливаясь с пастухом.

ПРОСВЕТЛЁННАЯ ОСЕНЬ

VERKLÄRTER HERBST

Так пышно умирает год.
И золотые бродят соки,
Леса вокруг молчат, и вот
Им спутник — вечный Одинокий.

Крестьянин молвит: Дай-то Бог!
Пусть напоследок радость длится.
Всех благовест сзывает в срок.
Прощаясь, улетают птицы.

Любви счастливая пора.
В ладье, под синее качанье,
Чудесных образов игра —
Зайдет в покой, уйдет в молчанье.

(23) Условный *cameraman* всё ещё держит в объективе фигуру Одинокого, всё ещё занят теми же композиционными последовательностями, но тональность и атмосфера меняются. Собственно, получается сюита из двух стихотворений. Об этом говорит и название. Здесь всё-таки царит некое просветление. Молчание нарушается словами крестьянина: *Es ist gut!* Не могу представить себе, чтобы крестьянин по-русски сказал: *Это хорошо!* С другой стороны, крестьянин «цитирует» Бога-Творца. Ну ещё и птицы криками прощания вторгаются в безмолвие. Но всё это затем, чтобы подвести к неумолимой последней строке.

ГЛУХОЙ УГОЛОК В ЛЕСУ
Карлу Минниху

WINKEL AM WALD
An Karl Minnich

Каштанов бурый. Старики плывут несмело —
В закат, — их тише он, — истлеть листом берёзы.
С умершим братом шутит чёрный дрозд. И слёзы
Светловолосый льёт учитель над Ангелой.

Смерть, в чистых образах, на витражах светлее.
Земля — в крови, и беспросветной скорбью дышит.
Ворота заперты. Привратник не услышит.
Играет с призраком сестра в тени аллеи.

Вино в подвалах дозревает золотое.
Дух яблок сладкий. Светлый миг не за горами.
Как слепо сказкам верят дети вечерами!
А Правда нежно льнёт к Безумью: Золотое.

Синее. Льясь резедой. Струясь. Свеча — в покои.
Для вас, смиренные, уже готова месса.
Судьба плывёт, всегда одна, у края леса,
Ночь на порог вступает Ангелом Покоя.

(24) Написано бесцезурным шестистопником (не считая метрической невнятицы в первых двух строчках, которую я сначала передал, а потом решил, что это излишество — и выпрямил), как и стихотворение с Эндимионом. Текучесть его подчёркивается не только формальным приёмом, но и словами *gleiten* (скользить-парить-проплывать в видении) в первой строке и *fließen* (течь: *Das Blau fließt voll Reseden*, Синева течёт, полная резеды), где ритмическая невнятица проявляется вновь, как бы говоря, что это неслучайно, что это приём. Голос словно передёргивается, звуча более взволнованно в тех местах, где встречаются эти глаголы «текучести», акварельно соединяясь с цветовыми абсолютными метафорами.

Ангéла — имя умершей девушки — ещё не раз появится в стихах Георга (в его общепоэтическом мифе — это ещё одно обличие Грэтль). И снова ритмический сбой в седьмой строке: *Das Tor blieb heut verschlossen. Den Schlüssel hat der Küster.* «Ворота остались закрытыми. Ключ у привратника», в сочетании со следующей, где появляется сестра, намекает на тайну, Сокрытое. Призраком автор мог назвать и самого себя. За этой строкой встают тёмные, но одновременно прозрачные смыслы. В первой части стихотворения речь о кладбище при церкви в лесу, во второй — план сменяется на уют «покоев» с нежным медленным умиранием.

КАРЛ МИННИХ (*Karl Minnich*, 1886–1964) — одноклассник Георга по гимназии с 1897 года, позже также был участником юношеских поэтических кружков «Аполлон» и «Минерва» в Зальцбурге. Единственный знакомый юношеских лет, кроме Бушбека, которому Тракль посвятил стихотворение.

ЗИМОЙ

IM WINTER

Свет поля холоден, бел, как стол.
Одинокого неба свет, чудовищный, жалкий.
Над озером кружатся галки.
Охотники спустились рощей в дол.

Молчанье в чёрных кронах живёт.
Сноп огня, зарево: из окон, в дверные щели.
Полозья скрипнут, но еле-еле.
Седая луна, её медленный ход.

Птица кровью каплет на весу.
В стоках во́роны треплют падаль.
Вспугнутый жёлтый тростник поодаль.
Дымок. Мороз. Шаги в пустом лесу.

(25) Рваный ритм, опробованный фрагментарно в предыдущем, здесь уже истинный субъект всего стихотворения. Которое всё — парафраз брейгелевских зимних пейзажей. Безжалостный, надо сказать. Но со всеми красотами монтажа, когда важно, с какого места и каким планом с видимым безучастием снимает видимый мир камера. Такого рода пейзажи исподволь, но неуклонно приближают автора к идее Жертвы.

В СТАРЫЙ АЛЬБОМ

IN EIN ALTES STAMMBUCH

Опять и опять возвращаешься ты, меланхолия,
О, кротость одинокой души.
Перед смертью обычно золотом полыхает день.

Терпеливый, — смиренно он подчиняется боли,
Мелодичен и звучен — нежным безумием.
Смотри! Уже и смеркается.

И опять и опять возвращается ночь, и жалобы Смертного,
И другое, такое же Смертное, вместе страдает с ним.

Содрогаясь под осенними звёздами,
С каждым годом всё ниже клонится голова.

(26) Немецкие комментаторы обращают внимание на необычное написание слово «возвращаться»: *wieder kehrst du* вместо *kehrst du wieder*; я думаю, это из-за того, что стоящее на первом месте *Immer* образует одну пару с *wieder* (*Immer wieder* снова и снова), тогда как следующее сочетание *wieder kehrst du* (ненормативное от *wiederkehren* возвращаться) даёт в итоге два словосочетания на три слова. Таким образом из словесной игры «*Immer wieder kehrst (du)*», — игры, столь принятой в альбомных стихах, возникает ощущение призрачности, всё начинает как будто двоиться, и в «абстрактной картине» этого стихотворения сквозь слова брезжит что-то большее. Название *Stammbuch* имеющее другое значение помимо «памятного альбома», а именно «семейной хроники», как бы заранее предуведомляет читателя об этом. Не забудем также, что повторяется само слово «повторяться, возвращаться».

ПРЕВРАЩЕНИЕ

VERWANDLUNG

Прощальным красным выжжен сад и плод:
Жизнь ясная и спорится от века.
Гроздь золотая в руки человека,
Боль нежная во взгляд его падёт.

Закат, молчанье: чёрная земля,
Всё ближе в красных буках — шаг тяжёлый,
Ты синей птицей в смерть склонишься — голой,
Истлеет серым платьем плоть твоя.

Перед трактиром безмятежный сброд,
И чей-то лик в траве, взгляд пьяный, длинный.
Хмельные флейты, нежность, плод бузинный,
Дух резеды, что к Женственному льнет.

(27) Словосочетание *blaues Tier* вполне возможно перевести не как
Синий зверь, а как Синяя птица! и тогда раскрывается и смысл того,
почему Смертному часу в черновике этого стихотворения поёт
дрозд. Надо просто вспомнить, что в пьесе Метерлинка вместо
Синей птицы в руках у детей оказывается дрозд.

Почему дрозд? в пьесе герои отправляются в фантастиче-
ское путешествие в поисках Синей птицы счастья. Они побывали
в Царстве ночи, в садах Времени, встретились с умершими Ба-
бушкой и Дедушкой:

«МИТИЛЬ. А вон старый дрозд!.. Он еще поет?..

Дрозд просыпается и начинает громко петь.

БАБУШКА ТИЛЬ. Вот видишь… Как только ты о нем поду-
мала…

ТИЛЬТИЛЬ (*к своему изумлению, замечает, что дрозд совершенно
синий*). Да он синий!.. Это и есть та Синяя Птица, которую я дол-
жен принести Фее!.. Что же вы мне не сказали, что она у вас?.. Ах,
какой же он синий! Синий-синий, точно шар из синего стекла!.. (*с
мольбой*) Дедушка, Бабушка, подарите мне его!..

ДЕДУШКА ТИЛЬ. Что ж, я не прочь… а ты что скажешь, жена?

БАБУШКА ТИЛЬ. Конечно, конечно… Нам он совсем не
нужен… Только и знает, что спать… Его и не слышно-то никогда…

ТИЛЬТИЛЬ. Я посажу его в клетку... Стой, а где же клетка?.. Ах да, я ее оставил под деревом... *(бежит к дереву, возвращается с клеткой и сажает в нее дрозда)* Значит, вы мне его правда дарите? Правда?.. То-то Фея будет довольна!»[*]

Ещё одно изменение по сравнению с ранними редакциями стихотворения: вместо Бога, который падал в нежный взгляд, теперь во взгляд человека падает нежная боль.

---

[*] Перевод с фр. Н. Любимова

МАЛЕНЬКИЙ КОНЦЕРТ

KLEINES KONZERT

Как потрясающ этот красный! —
И солнце сквозь ладони светит.
Так сердце — в дрожь! так трепет метит
Его блаженства морок страстный.

Полей потоки — жёлтых, дивных.
Сверчков почти не слышишь снова.
Косы железный взмах суровый.
Молчанье рощ — златых, наивных.

В зелёной тине огнь гниенья.
Рыб стылый столп. Бог ветром жжённым
Коснулся струн — и прокажённым
В чаду был знак выздоровленья.

Тень синяя — в ней дух Дедала,
В лещине — сок молочный, липкий.
Учитель долго выл на скрипке.
Пищали крысы у подвала.

В трактире на обоях в лысом
Свету — фиалок цвет прохладный.
И умер гомон людный, адный,
И флейты кончились нарциссом.

(28) Автор возвращается к разработанной манере на каком-то
новом уже уровне. Сначала идёт «концерт» цветовых пятен — по
одному в каждом четверостишии — красный, жёлтый, зелёный,
синий — и вдруг всё завершается «более прохладным» цветом
фиалок, и выясняется, что цвета и цветы — в последней строчке
нарцисс — это ещё и звук! и выясняется это, только когда всё это
умирает, и «последний аккорд флейт» (звучит = умирает) нарцис-
сом. Оказывается, это был «маленький концерт цветовых эпите-
тов», своеобразная синестезия.

ЧЕЛОВЕЧЕСТВО

MENSCHHEIT

В геенны огнь — Повзводно! — каждый встал,
Лбы тёмных воинов и барабаны,
В туман кровавый, в чёрный — в звон! — металл,
И мрак в умах, отчаянно-желанный:
В них Ева, гон и красных денег вал.
В разрывах туч — свет Вечери, сама
Немо́та нежности в вине и хлебе.
И те двенадцать, что сошли с ума,
Кричат во сне о недоступном небе:
Рукою рану бередит Фома.

(29) Десять строк, полных отчаяния и неверия в человеческий род (что только усилится у Тракля позднее), два красных пятна — чёрный и красный. И ещё — кровавый туман. В первой части. Во второй обходится без цвета; лишь молчание (что живёт) в вине и хлебе, и крики апостолов по ночам во сне.

Я попробовал решить «технические» проблемы усиленным повторением одного предлога. В оригинале *in* встречается дважды, но зато где! — в умах («ночь в скорбных мозгах») и в церковном причастии (молчание — в «хлебе и вине»), явное противопоставление. И затем в третий раз — *im Schlaf,* во сне. Что тоже характерно.

ПРОГУЛКА

DER SPAZIERGANG

1

В лесу гудение — мелодий рой.
Рожь — где угрюмые прыжки страшил.
Дрожь в бузине: там ветер довершил,
Что дом разбрызган в свет, лучей игрой.

По Золоту — тимьян идёт в прибой.
На камне — чисел радостная скачь.
Играют дети на лужайке в мяч,
И дерево танцует пред тобой.

Сестра — вдруг — с гребнем в золоте волос,
И — друг тебе вдруг пишет пару строк.
Сквозь Серое — бегущий жёлто стог,
Там ты взлетал порой, как ветер нёс.

2

Срок истекает. Сладкий Гелиос!
Средь жаб в болоте сладок лик, высок;
Эдем уходит навсегда в песок.
Куст стал овсянке колыбелью грёз.

Брат умирает в сказочном краю.
В тебя — взгляд глаз твоих летит стальной.
По Золоту — чабрец опять в прибой.
Поджёг деревню мальчик и семью.

Любовники пылают в мотыльках,
Качаются вкруг чисел и камней.
Так страшен пир ворон, но вспорх — страшней.
Твой лик бушует в нежных Зеленях.

В терновнике смерть мягко имет зверь.
И за тобой — по тропке — детский сад,
И серый ветер, вспархивая, рад
Дух тленья мраком полоскать теперь.

3

От древней колыбельной — в сердце страх.
Вдруг баба кормит грудью сосунка.
Исток столь звонок: струйки молока.
Из веток яблонь — таинства в стихах.

Вино и хлеб — сладчайший плод трудов.
Твои — рвут — руки — серебро — плоды.
Рахиль — мертва — жнитвом идёт в сады.
Знак в Зеленях тебе: не надо слов.

Благословенно лоно бедных дев,
Стоят, в виденьях, у истока, тут
По тропам Одинокие идут,
Творенья Бога праведно согрев.

(30) Сложно и одновременно просто устроенные вариации из повторяющихся мотивов и сквозных (а также кочующих из одного стихотворения в другое) образов, здесь — в неожиданных переплетениях. Строка «Твои — рвут — руки — серебро — плоды» — попытка показать, как работает двойное, а иногда и тройное (и более) управление в стихах Тракля. «Серебро» (в оригинале *silbern* — серебряный, серебристый) относится ко всем членам предложения. Главное — понимать, что это всё видения. Которыми в конце он наделяет «бедных дев», всё тех же служанок и батрачек, о которых речь шла во втором стихотворении. И — странным образом — увязывает с обликом сестры. Впрочем, Гелиос, как уже было сказано, это тоже о ней, и мальчик-поджигатель тоже, и Рахиль. Здесь сестрой полнится всё. Даже «зверь», мягко умирающий в терновнике.

Важно сказать также, что источниками траклевских виде́ний *Träume* были прогулки. Иногда по стихам можно, пусть и фрагментарно, восстановить маршруты его «странствий». Обычно они заканчивались в кабаках, а то и в борделях. Или даже в кустах, как мы видим в следующем стихотворении. Мы знаем, что растут стихи иногда из самых глубоких бездн или отвратительных грязных мест.

DE PROFUNDIS
(«*Се, Господи, сжатое поле...*»)

DE PROFUNDIS
(*Es ist ein Stoppelfeld...*)

Се, Господи, сжатое поле и чёрный дождь.
Се — багряное дерево, стоящее одиноко.
Воющий ветер вокруг опустевших домов.
Скорбный закат.

За огородами
Всё ещё ищет сиротка редкие колоски,
Глаза её круглые — золотом тьмы в предвечерье,
Небесный Жених, да грядеши в лоно ея.

Пастухи, по дороге домой,
Сладкое тело нашли,
Сгнившее в колких кустах.

Тенью скитаюсь от мрачных селений вдали.
Из лесного источника
Пил я молчанье Твое.

Холодный металл на чело моё встал.
Пауки подбираются к сердцу.
Се, Господи, свет — но гаснет он на устах.

Очнулся в лощине,
Среди нечистот коченея и осколков звёзд.
В лещине
Снова песнь завели хрустальные ангелы.

(31) Отход от «с таким трудом наработанной манеры» (как пишет Георг в письме к другу) дарит множество новых возможностей. По форме оно — сонет (без рифм и метра) с хвостом, в виде «отражения в воде»: после двух катренов идут, как положено — два терцета, а затем ещё один терцет и ещё один катрен (то есть ещё половина сонета, но в обратном порядке). После «*Пил я молчанье Твоё*» — первая (ложная) концовка, за которой следует «*Холодный металл*».
Слово *braun* (бурый) встретилось здесь уже в 14-ый раз!

ТРУБЫ

Где смуглые дети под ивами в невыразимых
Играх с листвой — кладбищенский страх — пение труб неземное,
Хоругви Червлёного, скорбные клёны, с них всадники скачут в ночное
Вдоль мельниц заброшенных и бесполезных озимых.

Или поют пастухи по ночам и смеются их губы,
Оленей пугают костры древней скорбью земною,
Танцуя, толпятся они перед чёрной стеною;
Хоругви Червлёного, хохот, безумие, трубы.

(32) Ещё один шедевр — по метру, расшатанный разностопный
дольник.

Braun — задумаемся, этот цветовой эпитет появляется в пятнадцатый раз (теперь это *braune Kinder*).

Но здесь наособицу выделен «червлёный» (выбор русского слова обусловлен словом в оригинале *Scharlach*, означающем изначально кошениль), он не просто повторяется, но ещё и не является определением цвета хоругвей, наоборот — хоругви есть определение Червлёного цвета — и это, в свою очередь, всадники, но и всадников недостаточно, они ещё и скачут сквозь клён, но и этого мало — они скачут сквозь скорби клёна. Не хватает теперь только чёрного, если мы правильно читаем Тракля. И он появляется — в виде чёрной стены. И мы понимаем, что это ночь.

СУМЕРКИ

DÄMMERUNG

Двор, замороченный молочной мглой,
В осенне-буром месиве — больные,
Глядят глаза — округло-восковые —
В ушедший рай, где пьянство и покой.

На ключ закрыта хворь, как призрак злой.
Льют звёзды белый плач и скорбь: живые,
В обман и звон, сквозь Серый — в сны нагие,
Смотри, как тают сны над головой.

Бесформенные тени: строят рожи,
По чёрным-вперекрёст дорожкам рады
Бродить вдоль стен, и лезут вон из кожи.

На время всех проглотят их аркады:
Но пыхнет красным ливнем звёзд до дрожи —
И, пьяные, летят сюда менады.

(33) И вот уже настоящий сонет, с обязательными цветовыми вкраплениями, не менее двух в каждом из катренов и терцетов (пришлось отказаться от «золотого» в выражении «золотые времена», потому что для нас важно не то, что они золотые, а то, что они прошли. «Рай золотой» — это всё-таки было бы о другом.

Можно было бы закончить сонет словом «буйные» — «И буйные сюда летят менады», но хотелось закольцевать — это же пьяницы (Георг имеет в виду себя, и этому пороку он предавался с жуткой страстью), видящие своим невидящим взором только то счастливое время, когда им доставались «вино и покой», превращаются в менад, но мы-то знаем, что буйные и пьяные менады — это практически одно и то же.

ВЕСЁЛАЯ ВЕСНА

HEITERER FRÜHLING

1

Ручей идёт жнитвом, желтее нет.
Там прошлогодний высохший рогоз.
Сквозь Серое — звон колокольных грёз.
И в воздухе — навоза тёплый след.

Едва качаются серёжки ив.
Солдат мотив заводит и грустит.
Полоска луга бледно шелестит,
Ребёнка в мягких контурах сокрыв.

Берёзы в дым, а чёрный тёрн ослаб.
А от людей и очертаний нет.
Светло Зелёный: в гниль, и здесь же — в цвет,
На гиацинтах — жарки свадьбы жаб.

2

Тебя люблю я, прачка на реке!
Тяжёлой баржей — золото небес.
Блеснула рыбка, миг — и след исчез,
Лик восковой мертво течёт в ольхе.

Колоколов всё ниже, тише край.
Безумствует на ветке соловей.
Озимый взбухший колос — тяжелей,
Угрюмых пчёл трудолюбивый рай.

Иди, любовь, к нему! Батрак встаёт.
У хижины его — прохладный луч.
Лес сквозь закат — белёс, тягуч, пахуч,
И почки лопаются — вот, и вот.

3

Как становленье всякое болит!
И словно жар в бреду вокруг пруда…
Дух нежности, нас заманив сюда,
Витает в ветках, льнёт к нам и томит.

Цветёт и мягко истекает сок,
И Нерождённое — покоясь тут.
Любимые к звезде своей цветут:
Дыханье слаще их, поток высок.

Всё истинно — всё, что болит, чем жив…
И что живёт. Могильный камень, да.
Поистине: «Я с вами — навсегда».
Уста — что трепет серебристых ив.

(34) Из череды трёхчастных, наподобие «Прогулки». Как видим, это прогулка и есть, в прямом и метафизическом смысле. Эту — отличает желание отделить истинное в видениях от призрачного, неживого (при этом покоящееся, умершее и нерождённое как раз относятся к разряду «живого»). «Камера» движется по ручью, выходит к реке, и оказывается на кладбище, и мы припоминаем и «Музыку в Мирабеле» и «Меланхолию вечера», где ручей был виден сквозь венки и надгробия. Композиция приводит к чудесным открытиям, поэтому и весна «весёлая» (*heiter*).

Бесцезурный пятистопный ямб с мужскими клаузулами. Так что строчка каплей стекает вниз.

ПРЕДМЕСТЬЕ — КОГДА ДУЕТ ФЁН

VORSTADT IM FÖHN

Посёлок сир по вечерам и бур,
Пропитан вонью — невпроход, но впро́пад.
Проходит поезд по мосту — и грохот
Бьёт воробьёв в кусты и об забор.

Согбенные дома, дорожек рвань,
В садах движенье: хаос и проклятье,
В толпе детей летает красно платье,
Рёв, хохот, рвутся, словно чувства ткань.

Отбросы манят хор влюблённых крыс.
Служанки требуху несут проворно —
Парша и грязь, в пробежке тошнотворной,
Из сумерек явясь, как чей каприз.

И вот канал выплёвывает кровь
Со скотобойни — что густую пасту.
Окрашивает фён кусты нечасты,
Краснеют волны, и краснеют вновь.

И шёпот тонет в чьём-то хмуром сне.
Играют образы на дне канавы —
Чью память чьей-то юности неправой
Качает фён и носит в стороне.

Аллея выплыла из туч, светла,
Кареты, всадники, безлицы, льются.
И видно: корабли о скалы бьются,
И розовых мечетей купола.

(35) Фён — это когда с гор в долины дует сухой тёплый ветер, сильный и порывистый, от которого у метеочувствительных людей болит голова. Цвет мешается с хаосом разнонаправленных движений, изначально бурый — через настойчиво многократно и многообразно явленный красный (то это платье — причём не само платье красное, а оно летит, летает «красно»; причём понятие полёта в этом летит/ летает совершенно размыто; то это густая кровь со скотобойни) становится в конце тошнотворно-розовым из-за сопоставления «красивости» мечетей и ужаса кораблекрушений, сплошное мельтешение квази-«реальности» с детской (шумной!) беготнёй переходит в толкотню и движение в чьём-то совершенно умопомрачительном, но словно с «красотами», сне.

КРЫСЫ

DIE RATTEN

Белилами двор облила луна.
Тень, как живая, под мёртвой стеною,
Под окнами, где прижилась тишина.
И крысы выходят, одна за одною,

И гнусно свистят, и противно бегут
На запах зловещий, не зная ошибки,
К той мусорной куче, в тот затхлый закут,
Что дышит и движется, приторно-зыбкий,

Всё громче возня их и звуки ссор,
Хоть хватает в амбарах запасов хлеба —
Заполнили дом, и кишит ими двор.
Ледяное дыхание ясного неба.

(36) Очень похоже на открывающее сборник стихотворение.
Только там конечный пункт условный Север (мифопоэтический,
не географический!), а здесь «ледяное дыхание ясного неба», ни-
чем не лучше.

ТОСКА
(1 редакция)

[TRÜBSINN]
(1. Fassung)

Крах мира призраком в полдневный зной.
Бараков ряд — и прочь сквозь бурый сад.
В дымящийся навоз пал звездопад,
Шатаясь, пара спящих — в путь, домой.

Малыш на высохшем лугу возник,
Черно блестят прозрачные зрачки.
И золото стекает с веточки.
И, скорбный вихрь, вращается старик.

А вечером над головой моей
Сатурн несчастную судьбу пронёс.
То ль дерево, то ль пёс, и лес небес
Без листьев всё шатучей и черней.

Рыбёшка ловко по ручью скользнёт;
Покойного приятеля рука
Мне гладит лоб — ни звёзд, ни ветерка.
А свет зажжёшь — теней толпится сброд.

(37) И в этом стихотворении не обошлось без «малыша с чёрными зрачками»!

СЛОВНО В ВЕЧЕР ПРОШЕПТАЛИ…

IN DEN NACHMITTAG GEFLÜSTERT

Солнце в осень — рвань, и вот
Плод легко сорвался с древа.
Тишина живёт напева
В синем воздуха и вод.

Голос смерти — се металл;
Белый зверь упал и бьётся.
Песня смуглых дев прольётся
И умрёт, где лист упал.

Божий лик — туман цветной.
Нежные безумья крылья.
Тени в шелесте усилья
С чёрной тления каймой.

Сумерки: покой, вино.
Где ручьи гитар печальны,
К мягкой лампе входишь дальной,
Как в видении, давно.

(38) Четырёхстопный хорей у Тракля всегда печально-торжественный, всегда окрашен каким-то особым чувством. Если оставаться верным принципу передавать слово *Traum* не как «сон», а как «видение» (и я настаиваю на таком понимании Тракля), то начинаешь и лучше видеть структуру стиха. В который раз созерцание начинается с солнца, но теперь по-осеннему робкого и тонкого, а заканчивается не сном, как в большинстве переводов, а взглядом на себя словно со стороны, как на другого человека. Отчасти на это намекает и название стихотворения. Опять и опять цвет и звук начинают сплетаться в единую композицию. Синий — белый — чёрный, и в последнем четверостишии остаются только звуки гитар и мягкий свет лампы, подходящая обстановка для созерцания себя самого. Не в первый раз, впрочем.

ПСАЛОМ I
(Окончательная редакция)
Подношение Карлу Краусу

PSALM I
(Endfassuung)
Karl Kraus zugeeignet

Се — свет, и ветер его погасил.
Се — кабак, его же покинул вечером пьяница.
Се — виноградник, прожжённый до чёрных дыр, где кишат пауки.
Се — космос, который они молоком побелили.
Помешанный умер. Се — остров на южном море:
Дабы здесь бога-Солнца приветствовать.
Бьют в барабаны. Мужчины в воинственных танцах.
Женщины качают бёдрами среди вьюнков и огненных маков,
Когда море поёт. О наш потерянный Рай.

Нимфы покинули золотые леса. Погребение Странника.
И сразу затем светящийся дождь.
Сын Пана является в образе дорожного рабочего,
Чей послеполуденный сон на раскалённом асфальте всё длится и длится.

Се — маленькие девочки во дворе, в нищих платьицах,
                                        разрывающих сердце.
Се — комнаты, наполненные аккордами и сонатами.
Се — тени, в объятиях перед ослепшим зеркалом.
В окнах больницы греются на солнышке выздоравливающие.
Белый пароход на канале тащит за собой кровавые эпидемии.

В чьих-то злых видениях снова является чужая сестра.
Покоясь в лещине, играет она с его звёздами.
Студент, быть может, двойник долго смотрит ей вслед из окна.
За ним стоит умерший брат, или же он спускается по лестнице винтовой.
В темноте бурых каштанов бледнеет фигура послушника.
Сад погружается в вечер. В крытой галерее порхают летучие мыши.
Дети привратника, игры забросив, ищут золото неба.
Квартета финальный аккорд. Слепая девочка дрожа бежит по аллее.
А позже её тень ощупью пробирается мимо холодных стен,
                        в окружении сказок и святых преданий.

Се — пустая лодка, плывущая вечером вниз по каналу.
Во мраке старинного убежища тлеют человеческие останки.
Мёртвые сиротки лежат у садовых стен.
Из серых комнат выходят ангелы, перепачканы крылья в говне.
Черви капают с их пожелтевших век.
Церковная площадь, мрачная молчаливая, как в дни детства.
На серебристых подошвах проплывают прежние жизни
И тени проклятых спускаются к стенающим водам.
В могиле своей белый маг играет со змеями.

Над местом казни молча открываются золотые глаза Бога.

(39) От «нежного безумия» — через сарказм и трогающие за сердце образы к видению сестры, но косвенно, через похотливые замыслы-видения кого-то другого, в окружении странных гротескных фигур в странных и страшных ситуациях. Собственно: важнее всего сестра, являющая из искривлённого и чуждого пространства, остальное — фантасмагории фона.

(См. ранний вариант в *2.4 Другие редакции опубликованных при жизни стихотворений*)

ПЕСНИ ЧЁТОК (ПЕСНИ СМИРЕНИЯ)

ROSENKRANZLIEDER

СЕСТРЕ

AN DIE SCHWESTER

Где проходишь ты — садится солнце,
Синей птицы сирый всплеск:
В пруд осеннее глядится солнце.

Птичий клин и крыльев плеск —
Дуг твоих надбровных трепет,
Тонких век. Улыбки тихий плеск.

Бог их вылепил, и трепет лепит.
О, дитя Страстной, запретных ласк,
Лобный свод твой ночью — звёздный лепет.

(40–42) Из трёх стихотворений цикла «Песни смирения» (в оригинале «Песни чёток» *Rosenkranzlieder)* шедевром является первое, где, с небольшими нарушениями, передаётся квази-рифмовка, характерная для терцин. Поскольку вместо рифм используются просто повторяющиеся слова, словно отражаясь в зеркале, это создаёт особую, траклевскую атмосферу (да, он любит этот приём, и он ему хорошо удаётся), слияние нежности, влюблённости, томления, запредельного отчаяния и очарования в волшебное единство. Пронзительной любовной лирике экспрессионисты (не один лишь Тракль) обязаны предшествующей эпохе, но только в сочетании с живым чувством, выраженным в мощной экспрессии.

В первом же стихотворении возникает раньше несвойственный Траклю космизм. Ночной небосвод у него сливается с лобным сводом сестры!

БЛИЗОСТЬ СМЕРТИ
(окончательная редакция)

NÄHE DES TODES
(Endfassung)

О этот вечер, что заходит в мрачные деревушки детства.
Пруд в окружении ив
Полнится отравленными вздохами тяжёлой печали.

О лес, опускающий тихо карие очи:
С костлявых рук Одинокого
Осыпается багрец очарованнных дней его.

О близость смерти. Позволь помолиться нам.
В эту ночь на прохладных подушках разрешится,
Пожелтевшая от ладана, любящих слабая плоть.

АМИНЬ

AMEN

Тленье, скользящее ветхой каморкой;
Тени на жёлтых обоях; в зеркалах тёмных сводом
Наших ладоней печаль цвета слоновой кости встаёт.

Коричневый жемчуг — каплями с мертвенных пальцев,
В тишине
Открываются ангела синие — мака глаза голубые.

И вечер синий;
Час умирания нашего, тень Азраила,
Впускает он мрак в наш коричневый садик.

in dunklen Spiegeln wölbt
Sich unserer Hände elfenbeinerne Traurigkeit.

В зеркалах тёмных сводом
Наших ладоней печаль цвета слоновой кости встаёт.

Такие строки можно легко помыслить себе и у Пауля Целана.
Так далеко заглянуть вперёд!

РАСПАД
(2-я редакция)

VERFALL
(2. Fassung)

Чуть грянет «мир вам» в колокольном бое,
Как я хочу лететь вослед тем птицам,
Что любят пилигримами толпиться
И сгинуть вмиг в осеннем ясном зное.

Бродя по брезжущим садам без толку,
Завидую высокому уменью,
Залипла стрелка, час плыл мёртвой тенью.
И я витаю в облаках подолгу.

Но в дрожь бросает дух гниенья кроткий.
И плачет чёрный дрозд на ветке голой,
А красный виноград на рже решётки

Качнётся в смерть, и в хороводе с нею,
Как дети у колодца, никнут долу
Остатки астр, от холода синея.

(43) И по форме (сонет), и по манере исполнения примыкает к ранним опусам автора, где слишком много напыщенного символизма, но в нём есть что-то, по-видимому, очень важное, коль скоро Тракль включает его в состав единственного прижизненного сборника. Может быть, это стрелка часов (один из важнейших сквозных образов), а может быть, найденные «навсегда» (ведь всё творчество Тракля можно рассматривать как одно стихотворение) и варьирующиеся в разных сочетаниях образы чёрного дрозда, источника, детского танца, цветов, гниения, распада, смерти.

Обращает внимание на себя интересный сдвиг в словосочетании *der Stunden Weiser* — стрелка часов, но здесь часы — не механизм с циферблатом *die Uhr*, а часы как мера времени *die Stunden* (часы, минуты, секунды), другими словами, понятно, что это стрелка, которая на циферблате, но одновременно это и стрелка временного промежутка, и эта «стрелка (которая отмеряет количество пройденных) часов» перестала двигаться, — как чувствует субъект стихотворения. Поэтому-то «застыло время», «стрелка часов», а не только стрелка на часах. Столкновение красного и синего в концовке — одно из яростнейших у автора.

В РОДНОМ ДОМЕ

IN DER HEIMAT

Дух резеды в больные окна бьёт;
Черно, каштаны, морок, ветерок.
Луч золотом протёк и льёт, высок,
На брата и сестру восторга гнёт.

Помоев смрад; воркуя, фён идёт
В наш бурый садик; золотясь, как сок,
Истёк собой подсолнух и промок.
И возглас стражи в синеве высот.

Дух резеды. И — голо — сумерк стен.
Как сон сестры тяжёл! Вздувает фён
Ей волосы — се лунный блеск в ночи.

Тень кошки, сине, тесно, скользкий тлен
Подгнившей кровли. Дух беды, молчи,
Багрец взметнувшийся — огонь свечи.

(44) Захватывающее наблюдение за спящей сестрой после «гнёта восторгов» и «морока». Поэты довольно часто занимаются «подсматриванием» в стихах, только Тракль не пытается это даже скрыть. Наоборот, это его «программа».

КАК-ТО В ОСЕННИЙ ВЕЧЕР
Карлу Рёку

EIN HERBSTABEND
An Karl Röck

Деревня бурая. В свой мрак природный
Шагает Тёмное у голых стен:
Покойники покойникам же тлен —
Постель готовят в комнате холодной.

Играют дети здесь. Над жижей скотной
Тяжёлый рой теней. Синь, влажный плен,
Служанки глазки строят мне, в обмен
На шорох ночи в них, земной и плотный.

Что ж, Одинокое, здесь есть кабак…
И терпеливо же Оно под сводом
В табачном золотом дыму с народом.

Но всё Своё черно и близко так.
И пьяница под крытым переходом
Мечтает с птицами умчаться к южным водам.

(45)

КАРЛ РЁК (*Karl Röck*, 1883–1954) — лирик, исследователь языка, с 1913 до 1926 чиновник в Магистрате Инсбрука. Сотрудник журнала *Brenner*, наряду с издателем Людвигом фон Фикером и Карлом Боромеусом Хайнрихом наиболее интенсивно занимавшийся творчеством Георга Тракля.

Познакомившись с Георгом Траклем 17 июня 1912 года в Инсбруке, Рёк начал регулярно вести дневник — как хронику литературных обстоятельств, так и человеческих черт своего подопечного. В отличие от скорее идеализирующего образа Тракля, культивировавшегося в кругу *Brenner* (особенно после его смерти), Рёк не обходил молчанием и его холодные, отталкивающие стороны; это привело даже к двум временным разрывам в их отношениях. И всё же дружеская связь, несмотря на напряжение и сложность, сохранилась — о чём свидетельствует посвящение ему этого стихотворения.

В конце 1913 года Рёк вместе с Георгом хронологически выстроил корпус его зрелых текстов и включил их в первое полное издание признанных произведений поэта — *Die Dichtungen* (1919, Лейпциг, издательство Курт Вольф), которое он курировал. В этом томе стихи были сведены в озаглавленные группы — вопреки авторским ориентирам, заданным прижизненными сборниками *Gedichte* (1913) и составленным автором *Sebastian im Traum* (1915). Однако именно эта редакторская последовательность Рёка на десятилетия стала канонической (в таком виде читали Тракля, скажем, Хайдеггер и Целан) и сохраняла своё значение вплоть до выхода историко-критического издания Килли / Шкленара*.

---

* Trakl, Georg. Dichtungen und Briefe. Historisch-kritische Ausgabe. Hrsg. von Walther u. Hans Szklenar. 1969

НИЩЕТА ЧЕЛОВЕКА

MENSCHLICHES ELEND

Часы, до солнца, засветло, бьют пять —
И ужас на лице прохожих редких,
Деревья шумные при голых ветках.
Лицо покойника в окне опять.

Что если этот час сейчас замрёт.
Сень синих образов пред взором мутным —
Качаньем лодок в сне ежеминутном.
На пристани сестёр-монашек ход.

В лещине девушки слепые спят,
Обнявшись, как любовники в постели,
То ль мухи там над падалью запели —
То ль в лоне Нерождённые кричат.

И астры — сине, красно — прочь из рук,
И губы мальчика, отпрянув, странны;
И веки в страхе трепетно туманны;
Озноб, черно — и пахнет хлебом вдруг.

Как будто крик повис и к нам прирос;
В стене прогнившей вновь белеют кости.
Хохочет злое сердце, жмутся гости;
Мимо лунатика проходит пёс.

Во мраке сгинул саркофаг, исчах.
Вокруг убийцы воздух всё светлее,
Бьёт ветер вдребезг фонари аллеи.
Лавр на седых патриция висках.

(46) Где здесь скрывается сестра? Конечно, в строчке «И губы мальчика, отпрянув, странны».

И до этого — в 8-й строке: Am Kai ein Schwesternzug vorüberweht. Буквально: «процессия «сестёр» на набережной пролетает мимо, как ветер», ясно же, что имеются в виду сёстры милосердия, монашки. Георг находит интересным сближать сестру в родственном значении с сёстрами в профессиональном, есть и основание: его возлюбленная непременно и непрестанно оказывается в этой напряжённой, натянутой, как тетива лука, перверсии — между шлюхой и святой.

В ДЕРЕВНЕ

IM DORF

1

Из бурых стен — поля, провалы крыш.
Пастух на древнем камне всласть гниёт.
А на опушке — синих птиц полёт
И нежное паденье листьев в тишь.

И буры лбы крестьян. Колоколов
Звук тянется… чудесный… из куста
Тернового чернеет лик Христа,
Прохлада изб, где смерть нашла свой кров.

Как бледны лица матерей. Синь льёт
В стекло и гроб, чей важен смысл и труд.
И ветх деньми склонился к внуку тут:
Звёзд молоко уж он, безгрешный, пьёт.

2

Бедняк, что умер, не в себе умом,
Идёт к тебе мертвецки-восковой,
И яблони убились в неживой
Цвет яблок, в черноцветии гнилом.

Но всё ещё суха солома крыш
Над сном коров. Слепой служанки ход
Во двор; вода синеет и поёт;
На конский череп у ворот глядишь.

Темно любовь вещает идиот,
И гаснет речь его в кустах черно,
Там, где любовь стоит и ждёт давно.
И вечер, влажный в синь, чего-то ждёт.

3

В окно раздетых фёном веток стук.
Боль дикая крестьянку мучит. Эк
Он сыпет как, сквозь пальцы, чёрный снег.
И совы златоглазые вокруг.

Вся в грязно-сером, пялится стена
В холодный мрак. Пёс околел. Угар.
Луна бесстыдно созерцает шар.
Жар у неё. Беременна она.

Три мужика в воротах. Косы. Звон
Поломанных в покос крестьянских кос.
Что красный ветер вечера принёс,
То чёрный ангел спешно вынес вон.

(47) Ещё одна прогулка, сопровождающаяся «видениями».

В 3-й строке *Der Saum des Walds schließt blaue Tiere ein*, буквально: «опушка леса содержит в себе …» «синих зверей»? Кажется, подтверждается догадка о «синих птицах» (см. *примечание к стихотворению «Превращение»*).

В дальнейшем течении стихотворения реальность мешается с фантасмагорией, больше похожей на бред: беременность луны, чёрный снег и златоглазые совы — образный ряд предельно сказочный. Заметно, что «синие птицы» в первой части уступают место «совам» в третьей.

ВЕЧЕРНЯЯ ПЕСНЬ

ABENDLIED

Вечером бродим по тёмным тропинкам,
Бледные призраки наши встают перед нами.

Хочется пить,
И пьём мы белую воду из озера,
Сладость печального детства.

Умерли мы — и в кустах бузины лежим,
И кружатся над нами седые чайки.

Вешние тучи завесили мрачный город,
Золотой век монашества хоронится в молчанье его.

К узким запястьям твоим прикоснулся губами —
И беззвучно открылись огромные очи.

Как давно это было!
Но благое звучание тёмное в душу сойдёт —
И являешься, Белая, в осеннем пейзаже друга.

(48) Стихотворение построено на повторении слова «когда» (*wenn — wenn — da — doch wenn*) с заключительным «Но когда»; это же слово, если прочитывать его как «если», переводит подчинительную связь из временной в условную. На это и расчёт, ибо речь идёт о прогулке с сестрой, которая (прогулка) была так давно, что оба уже «как если» умерли, такая детская игра. А может быть, они тогда, давно, играли в эту «детскую» игру. Закрой глаза: мы будто умерли. И целует её запястья.

ТРИ ВЗГЛЯДА СКВОЗЬ ОПАЛ
Эрхарду Бушбеку

DREI BLICKE IN EINEN OPAL
An Erchard Buschbeck

1

Взгляд первый: чахлый виноград со всех сторон.
Седые облака над желтою скалою,
Прохлада родника — что зеркало двойное
В оправе блещущих камней и тёмных крон.

Кресты в закат бредут, и осень им вдогон:
Поют паломники. Простынь кровавых пятна.
Как бледный ангел, Одинокий в путь обратный
Отправился сквозь долгий лес, пустой, как сон.

Вновь дует чёрный фён. Сатиры, девок стон,
Монахи похоти, священники разлуки.
Безумье, в лилиях, заламывает руки.
О, страшным золотом крик Господа червлён.

2

Лик скорби увлажнён росою. Розмарин
Могильным духом разлился из богаделен,
Где бред горячечный живуч, а плач — смертелен.
Скелет покинул склеп иль этот господин?

В покровах илистых синеющих седин,
Вся — слёзы скорбные, подруга старца пляшет.
Там ива прядями, детей пугая, машет.
Проказа дышит им в лицо букетом вин.

Так дышит в окна тёплый вечер с луговин.
Гниют стигматы без святого. Столь же хрупок
Улиткин дом. Ползут из треснувших скорлупок,
Плевки кровавые, в терновник и в жасмин.

3

Слепые ладаном жгут язвы гнойных ран.
Все — в красном, в золоте: огни и псалмопенье,

Девицы к Господу припали в исступленье,
Их, восковых, пожрёт огонь и съест туман.

Кукушка дохлая. У прокажённых план —
Забраться в сад для буйных ласк и приключений.
О, визг цветов кокетливых, о грех влечений!
В терновнике гниёт звезда Альдебаран.

Похлёбка нищенская, лук — везде обман.
Пред лесом, в хижине, жизнь грезит молодая.
Над жёлтой нивой твердь небес совсем седая.
Всё колокол звонит, всё древней скорбью пьян.

(49) В каждой из трёх частей этого доведённого до экзальтации сочинения — свой опоясывающий монорим, словно вериги, что заключают в смирение и в терпение святого, переживающего искушения, сродни искушениям Святого Антония. Это антирелигиозное творение, по сути, производное от невероятно высокого и находящегося под сильным напряжением религиозного чувства. По тесноте и густоте сменяющих друг друга образов ему, кажется, нет равных во всём корпусе стихов Тракля. Один только пример — вторая строфа третьей части:

Dürrknöchern. Garten wunderlicher Abenteuer;
Verzerrtes; Blumenfratzen, Lachen; Ungeheuer —

все эти существительные (7 в двух строчках!), написанные нормативно с заглавной и торчащие, словно пики букв готического шрифта, вызывают ассоциации с Босхом или подобной ему фанатической живописью на заре Нового времени (надо ещё видеть почерк Георга Тракля, когда строка похожа на взволнованную кардиограмму, и удивительно похожий почерк Грэтль, они и тут «двойники» друг друга).

Здесь опять шестистопный ямб, зачастую без цезуры на третьей стопе, что делает его несколько «буйным».

ЭРХАРД БУШБЕК (*Erhard Buschbeck*, 1889–1960), австрийский писатель и драматург — ближайший друг Георга, это он разговаривал с издателями, носил и пересылал им стихи Тракля, добивался публикаций и так далее. К нему же ревновал поэт свою сестру Грэтль и порвал с ним в 1913 году. Так что строка предыдущего стихотворения «Появляешься, Белая, в осеннем пейзаже друга», возможно, отголосок всех этих дружественных и любовных коллизий. Хотя «другом» он мог эвфемически называть и себя самого.

НОЧНАЯ ПЕСНЬ

NACHTLIED

Дыханье с уст Недвижного. Застыл звериный лик
Перед святостью синевы.
Могучее молчание надгробья.

Чья маска ты, ночная птица? Триедин
Слог непостижный. Элаи! Твой лик
Склоняется над зеркалом воды.

О! тихое зеркало истины.
На висках Одинокого матовый отблеск
От падших ангелов.

(50) Предпоследнее стихотворение прижизненного сборника оставляет широкий простор для интерпретаций, хотя письмо здесь совершенно прозрачное. У зверя не морда, а именно лицо. Затем прослеживается параллель трёхсложных метаморфоз: лицо — маска — лик (зверь — птица — Элаи!) в последнем слове уже знакомый нам Элис, превращающийся в следующем завершающем, панорамном и программном стихотворении «Гелиан», — собственно в Гелиана: Солнце, божество, подсолнечник, *Helianthus* (в Элаи ещё и намёк на табуированное Элохим), — вот почему это трезвучие «нежное» и вот почему оно сливается в единый слог.

Триединство, хотя и происходящее из христианской догматики, но о религиозности здесь говорить приходится в очень особенном ключе. Теперь только мы понимаем, что значат все эти птицы и звери, заглядывающие в стихи, обитающие на опушке или вылетающие из леса, либо раненные, умирающие, кровоточащие в кустах. Всё это лица, маски и лики одного и того же существа, без упоминания о котором, как выясняется, не обходится ни одно стихотворение. Скоро (эти стихи попадут уже в другой сборник, 1915 года) на них начнётся охота. А рифмованных стихотворений станет меньше.

Ещё один ряд метаморфоз — камень, вода, зеркала истины. Камень у Тракля почти всегда ассоциируется с надгробием, здесь и ещё и дополняемым образами не(по)движности и оцепенения. Недвижности как имманентного состояния и оцепенения как реакции на святость Синевы. Вода: кто-то у нас уже склонялся над водой, помните? Это был Эндимион, открывающий глаза и видящий чужие, незнакомые звёзды. Переходом в иной мир закончилась та прогулка... и последний ряд: молчание — трезвучие — отблеск... Читатель может найти и свои, ему одному видимые, слои смыслов и ряды превращений в этом коротком, но поистине бездонном произведении.

ГЕЛИАН

HELIAN

Так чудесно в часы одиночества
Вслед за солнцем отрешённо проследовать
Мимо жёлтых стен лета.
Чуть слышно ступать по траве: все равно не проснётся
Спящий в мраморе, древнем, седом сын туманного Пана.

По вечерам на террасе мы пьянели от золотистых вин.
Персик алым в листве пылал:
Нежной сонатой, радостным смехом.

Так чудесна ночь, так тиха,
И равнина, когда на неё взглянешь сверху —
С пастухами там встретиться можно и с белыми звёздами.

Осенью в роще
Обнажается трезвая ясность.
Присмиревшие, ходим у красных стен
И, глаза распахнув, смотрим вслед улетающим птицам.
Вечером белой воде — стекать в погребальные урны,

Голые ветки — праздное небо в просветах.
В чистых крестьянских руках — хлеб и вино,
Солнцем залит амбар, где дозревают плоды.

О, как строго глядят на тебя ушедшие предки!
Но веселием полнит душу праведный взор.

Властно молчание разорённого бедного сада,
Где послушник бурой листвой себя увенчал,
Льдистым золотом выпито, истончилось его дыханье.

Руки трогают синюю древность воды,
Будто белые щёки сестёр ночами холодными гладят.

Тих в приветливых комнатах шаг,
Одиночеству соразмерен, шуршанию клёна,
Где, наверное, дрозд никогда не устанет петь.

Так чудесен и ты, человек, выплывающий из темноты,
Изумлённые жесты, когда ты впадаешь
В тихую ярость, вращая глазами в багровых пещерах.

В чёрный сор ноября упал Странный Странник, потерявшийся Веспер,
Под изгнившими ветками, под стеной, испроцветшей проказой,
Где прошёл до него точно так же святой брат,
Погружённый в струнные всхлипы безумья,

Одинокий такой же, как вечером гибнущий ветер!
Под оливами в темень склонилась его голова.

Так же род человеческий гибнет, и в эти часы
Наполняется ужасом взор созерцателя,
Золотом собственных звёзд.

Отрешённо-безмолвно качаются колокола,
Чёрные стены на площади падают в тленье,
Вскрикнул мёртвый солдат, призывая к молитве.

И тогда бледным ангелом
Блудный сын в опустевший дом предков идёт.

К белым старцам отправились сестры, в дальнюю даль,
Под колоннами входа однако споткнулся лунатик о них,
Вернувшихся скорбных паломниц.

О, в говне, кишащем червями, свалялись их волосы!
Серебристые вязнут ступни его в мерзком месиве,
Пока те потихоньку выходят из комнат пустых.

О, вы, грозы, псалмы в час огненных ливней ночных,
Будто слуги крапивой хлестали по нежным глазам,
И ягоды милой, из детства ещё, бузины
Удивлённо свисали над опустевшей гробницей.

Пожелтевшие луны покатились неспешно
И неслышно в свивальники бреда,
Не успел ещё мальчик обратиться в молчанье зимы.

Участи высшей учась, спуститься к Кедрону,
Там, где разросся кедр, послушное чадо,
Под голубыми бровями Отца

Ночью ходит над пастбищем пастырь со стадом своим.
Так ли во сне кричат,
Когда в роще наткнутся на медного ангела?
Когда плавится плоть святого на раскалённой решетке?

Виноградом обвиты глинобитные стены домов,
Пожелтевшая рожь заскрипела в снопах,
Зажужжала пчела, пролетел журавель.
Воскресшие встретились на горных тропах.

Увидали себя прокажённые в чёрной воде,
Распахнули, рыдая, загаженные одежды,
Чтобы розовый ветер с холма освежил их бальзамом.

Гибкие девушки крадучись тычутся в тупики полуночи,
Так ли доброго пастыря ищут?
Нежный псалом по субботам исходит из хижин.

Помяните же мальчика гимном, и кротость его,
И безумье, и белые брови, и тихую смерть,
Тленьем взятого и открывшего синие очи!
Как печально свиданье с умершим.

В чёрных комнатах стонут ступени безумья,
И в дверях нараспашку — ветхие тени древних,
Увидала душа Гелиана в розовом зеркале,
Как проказа и снег недоверчиво сходят с лица.

Звезды гаснут по стенам
И белые призраки света.

Из узоров ковра проступают могильные кости,
Гниль молчащих крестов на холме,
Сладкий ладан в ночном багровеющем ветре.
О, глаза их так хрупки в черногубье его поцелуев!
И когда в помрачении нежном в часы одиночества
Подступает к потомку гибель, черней не пригубишь,
Молча Бог опускает над ним голубые с прожилками веки.

(51) Ключевые строчки этого длинного и величественного стихотворения здесь:

Помяните же мальчика гимном, и кротость его,
И безумье, и белые брови, и тихую смерть,
Тленьем взятого и открывшего синие очи!
Как печально свиданье с умершим.

Их значение в том, что в топосе «умерший мальчик» сходится образ сестры, автопортрет поэта в детстве и судьба человечества. В конце первого сборника Тракль наконец-то нащупал то, что искал. Личная судьба, новалисовский «миф невесты» и невесть откуда взявшийся космизм с мыслями о человечестве в целом нашли здесь точку схода.

ВИДЕНИЯ СЕБАСТЬЯНА

1915

SEBASTIAN IM TRAUM

1915

ВИДЕНИЯ СЕБАСТЬЯНА

ДЕТСТВО

KINDHEIT

Весь в ягодах куст бузины; в голубых пещерах
Обитало безмятежное детство. Теперь над заросшей тропой,
Где один только бурый сорняк свистит,
Свисают задумчиво ветви; шум от листвы

Точно такой же, как от ключа, бьющего из скалы.
Нежно печалится дрозд. Пастух
Следует взглядом: солнце скатилось с холма.

Голубое мгновение — мерцание чистой души.
Робко появится зверь на опушке, и мирно
Упокоятся в земле древние колокола и мрачные деревушки.

Благочестивей покажется смысл тёмных лет,
Осенней прохлады, пустынных комнат,
И в святой синеве светятся звонко шаги.

Скрипнет рама окна; до слёз
Растрогает ветхое кладбище,
Вспомнишь когда рассказы и вымыслы; но светлеет душа временами,
Видя, как радостью жил человек в тусклом золоте вешних дней.

(1) Во втором сборнике, который был издан друзьями уже после смерти поэта, превалируют ритмизованные строки без рифм, короткие чередуются с длинными, значение звукописи возрастает многократно, поскольку отсутствие рифм компенсируется сполна густой аллитерацией.

Некоторые из них своим звучанием настолько выделяются даже на фоне мастерской лепки каждой отдельной, что нельзя это оставлять в переводе без внимания:

Und in heiliger Bläue läuten leuchtende Schritte fort.
И в святой синеве светятся звонко шаги.

Тёмная строка.
«Голубое мгновение — мерцание чистой души», во-первых не такая уж и тёмная, а, во-вторых, живописна, глубока, таинственна и полна визионерства.

ЭТОГО ЧАСА МОЛИТВА

STUNDENLIED

Тёмными взглядами обмениваются любящие.
Светловолосы, лучисты. В оцепенелом мраке
Руки сплетаются хрупко в тоске.

В багрец разбился рот блаженных. Круглые глаза
Отражают тёмное золото весеннего послеполудня,
Опушку леса, черно́ты его, вечерние в зелени страхи;
А может быть, птиц несказанный полёт, прогулку Нерождённого
Мимо мрачных деревень, одинокого лета, и не одного,
Когда из отгнившей встаёт синевы, временами, Отжившее.

Тихо в поле шумит жёлтый злак.
Сурова жизнь и сталью взвивается коса земледельца,
Мощные балки плотник вгоняет в пазы.

В багрец окрасились осенью листья; монашеский дух
Сквозит в ясно-звонкие дни; созрел виноград
И праздничен воздух в просторных дворах.
Слаще аромат пожелтевших плодов; тих смех
Добрых людей, музыка и танец в тенистых погребках;
В брезжущем саду шаги и молчанье умершего мальчика.

(2) Название стихотворения (*Stundenlied*) отсылает к рильковскому *Das Stunden*-Buch (Книга часов, сборник молитв на разные часы), без которого оно вряд ли понятно.

Головокружительная строфика: трёхстишия словно служат прелюдиями к шестистишиям с анафорическим зачином *Purpurn*.

Слово «пурпурно, пурпурный» (перевожу как «багрец», поскольку во втором случае слово прилагается к осенним листьям, по пушкинскому лекалу «в багрец и золото») в сочетании с *der Gesegneten Mund* (блаженных рот, можно понять и как благословлённых) позволяют предположить, что действие начинается в церкви, а потом без пауз переходит в поле перед лесом, где происходит удивительная метаморфоза с глазами (круглыми=расширенными, круглыми=как круглый пруд), которые, словно некий водоём, отражают окружающий мир, с невероятным продолжением «а может быть» (то есть, может быть отражают не только лес, но и полёт птиц, сам по себе уже невыразимый, но этого мало —

может быть, они отражают и вовсе незримое — путь (тропу) Нерождённого, впервые появляющейся у Тракля фигуры).

После чего следует второе трёхстишие (*Prelude*), с ясными зарисовками (так и подмывает сказать, с натуры), но опять звучит: *Purpurn*, багрец — с типичным для Тракля осмыслением Осени, как предварением смерти, но и как дарительницы плодов для человека, простых крестьян, радующихся новому вину и урожаю.

Обращает на себя внимание также симультанность весенне-летне-осеннего в том, что «отражают» глаза. Путь Нерождённого пролегает мимо одиноких лет (мн. ч. от «лето»)

И в самом конце выясняется, что всё предыдущее было всего лишь фоном для последней строки об умершем мальчике (он же солнце-подсолнух-*Helianthus*–Элис-сестра-Гелиан), перверсивном образе ушедшего из жизни (в видениях), но никуда не девшегося объекта страстной любви, объединяюшего в себе всех живущих и умерших. (Ещё) Нерождённый и (уже) умерший, а может быть, и это — одно и то же лицо! — в любом случае, скрепляют весь, как почти всегда, красочный подвижный пейзаж, движущийся (ведь это отражение!) в обратном направлении. Ну да, и звук приглушён.

ПО ДОРОГЕ

UNTERWEGS

Странника на закате в мертвецкую отнесли;
Дёгтя запах; лёгкий шелест красных платанов;
Галок тёмный полёт; на площади стража сменилась.
Солнце в чёрные простыни пало; вновь и вновь возвращаешься ты,
ушедший закат.

В комнате рядом: Шуберт, соната, — играет сестра.
Чья улыбка чуть слышно падает в ветхий фонтан,
Что синея в сумерках плещет. О, как наш, человеческий, древен род.
Чей-то шёпот в саду, под окнами; кто-то чёрное небо покинул.
Обдают ароматом яблоки на комоде. Бабушка золотые свечи зажгла.

Эта мягкая осень. Тихо звенят наши шаги в старом парке
Под высокими кронами. И серьёзен гиацинтовый лик строгих сумерек.
Синий источник у ног твоих, скрытное красного рта твоего.

И вокруг — дремлющих листьев мрак,
умирающих подсолнухов тёмное золото.
Отяжелев от мака, на лице моём тихо подрагивают твои веки.
По груди ходят трепетом колокола. Синим облаком
В сумерках на меня лик твой сошёл.

Под гитару поют, что в чужом незнакомом трактире взвенела.
Дикие заросли там бузины, давно ушедший день ноября,
Знакомые шаги на брезжущей лестнице, вид проко́пченных балок,
И открыто окно, где терпение сладкое так и осталось ждать —
Так несказываемо это всё, Господи, что, потрясённый,
бросаешься на колени.

О как темна эта ночь. Багряное, погасло
Пламя у рта моего. В тишине
Умирает струны одинокий звон, робкой души.
Пусть, пьяна от вина, катится в сток голова.

(3) Третье стихотворение сборника «Видения Себастьяна» (1915) продолжает ту же линию, что и первые два.

Теперь каждая новая строфа короче предыдущей на две строки, последняя — на одну. Собственно, описывается угасание (дня, вечера, пламени, сознания, человеческого рода) на фоне (счастливого?) пребывания вместе с сестрой. Так долго они ещё не были вместе.

Угасание задаётся сразу в первой же строке про умершего Странника. В одном из написанных раньше стихотворений его уже, помнится, похоронили. Но здесь «снова и снова возвращается ушедший закат» — в этим мире ничто не уходит сразу и навсегда. Затем следует прогулка с сестрой, неожиданно, без перехода и подготовки, заканчивающаяся сном сестры, и ясно только, что они всё ещё рядом (в оригинале «её веки, отяжелевшие от мака, видят сны на моём челе»); строка *Sanfte Glocken durchzittern die Brust* («По груди ходят трепетом колокола») вызывают трепет и во мне. Тонкий, изысканный эротизм.

Сочетание красного (губ, рта) и синего (мрак, облако, плащ) будет занимать Тракля ещё и ещё. Звук (гитарной струны) угасает вместе с цветом (багряное пламя у рта). А «робкая душа» угасает и как звук, и как цвет. И всё стихотворение называется — «По дороге».

ПЕЙЗАЖ

LANDSCHAFT

Закат в сентябре; печальны тёмные зовы пастухов
В брезжущей деревне; брызжет огонь кузнеца.
Мощно взвился на дыбы чёрный конь; гиацинтовые кудри служанки
Млеют от его пышущих страстью багряных ноздрей.
Тихо застывает на опушке крик оленихи
И жёлтые цветы осени
Безмолвно склоняются над синим ликом пруда.
Красным пламенем схвачено, обуглилось дерево;
            вспархивают летучие мыши: тёмные лица.

(4) Здесь в комментариях нуждается особенно *schwarzes Pferd* —
почему «чёрный конь», а не «вороной»?

Всё потому же — речь не о масти лошади, а о живописном
пятне.

И всё-таки не удержусь от того, чтобы заметить: это та же са-
мая олениха *Hirschkuh*, над которой зловещей тенью пролетают
во́роны в самом первом стихотворении сборника 1913 года.

МАЛЬЧИКУ ЭЛИСУ

AN DEN KNABEN ELIS

Элис, в чёрном лесу тебя уже кличет дрозд —
Это значит, пора закатиться.
Синий холод ключа, бьющего из скалы, пьют твои губы.

Бог с ним, пусть бы чело твоё кровоточило
Соком древних легенд,
Тёмным смыслом в полёте птиц.

Но так мягко ты входишь в ночь,
Что она распустилась багряными гроздьями.
А движения рук твоих даже прекраснее в синеве.

И терновник шумит —
Ветер занёс туда лунные очи.
Как давно уже умер ты, Элис!

Плоть твоя — гиацинт, и в него
Погружает монах восковые пальцы.
Наше молчанье похоже на чёрный зев,

Из которого изредка нежный выходит зверь,
Опускающий медленно сонные веки.
На виски твои падают капли чёрной росы —

Звёзд подгнивших лежалое золото.

(5) Стихотворение «Себастьяна» повторяет двенадцатое стихотворение сборника 1913 года. Это сделано для того, чтобы образ сестры «удвоился», дважды подряд «просвечивая» через мальчика Элиса.

См. комментарии к нему в сборнике «Стихотворения», *Gedichte*, 1913.

ЭЛИС
(3-я редакция)

ELIS
(3. Fassung)

1

Совершенна тишина этого золотого дня.
Под старыми дубами
Появляешься, Элис, покойный, круглые катишь глаза.

В их синеве отражается лёгкая дрёма Любящих.
У твоих губ
Гаснут их розовые стоны.

Вечером тащил на берег тяжёлые сети рыбак.
Добрый пастырь
Своё стадо опушкой леса ведёт.
О, как праведны, Элис, все твои дни.

Тихо склоняется
К голым стенам синяя тишина оливы,
Умирает старца тёмный псалом.

Золотой лодочкой
Покачивается твоё сердце, Элис, в сиротливом небе.

2

Нежный бой колокольный в груди Элиса тихо звучит
Вечером,
Когда его голова опускается на чёрную подушку.

Синий зверь
Тихо исходит кровью в терновом кусте.

Багровое дерево уединенье нашло;
Синие, падают наземь его плоды.

Знаки и звёзды
Тихо тонут в вечернем пруду.

За холмом стала уже зима.

Синие горлицы
Пьют по ночам ледяной пот,
Что стекает у Элиса с хрустального лба.

Вечно поёт оно тут,
У чёрных стен, ледяное дыхание Бога.

(6) Стихотворение ещё более совершенным образом, чем до сих пор, продолжает череду изображений траклевского «зазеркалья».

Обе части кончаются одним и тем же эпитетом (при разных существительных), *einsam*, одинокий (небо; ветер); перевожу как «сиротливый», чтобы подчеркнуть, во-первых, их связанность, во-вторых, один из важнейших мотивов этого шедевра.

Обращает на себя внимание второе лицо в первой части и третье — во второй. То есть, в первой к Элису обращение на ты, а во второй уже — он, его. Запомним это.

В первой части «золотой» звучит в самом начале и в самом конце, что в общем логично: Элис-солнце-подсолнечник-мальчик-сестра в перевёрнутом мире, где (по)явление среди старых дубов не случайно, вспомним Эндимиона в сборнике 1913 года.

Endymion taucht aus dem Dunkel alter Eichen
Und beugt sich über trauervolle Wasser nieder.
(дословно)
Эндимион появляется из мрака старых дубов
И склоняется над печальной водой.

Это Эндимион вошёл в печальную воду и вышел теперь с другой стороны как Элис (вспомним «чужие, незнакомые звёзды»). Поэтому и обращение на «ты» — поэт наделён правом приветствовать умершего в его новом мире.

Неминуемо возникает опять мотив отражения в круглых глазах Элиса, мир отражается в них и течёт нелинейно, рыбак вытаскивал сети, а пастух (сказано тут же) ведёт своё стадо, любящие дремлют, но ещё не отзвучали их стоны, угасающие только у самых уст Элиса: в перевёрнутом мире это означает, что он их целует. И мотив сиротства, одиночества, звучащий в конце, заставляет вновь вспомнить, что это случилось раньше, чем происходящее в начале стихотворения.

Во второй части голова Элиса опускается на чёрную подушку — это и описание заката, и — одновременно — смерти, что произошла опять-таки раньше этого описания: вот и небо уже было одиноким (сиротливым), хотя золотой лодочкой покачивался в нём Элис. И наконец — ближе к финалу описывается собственно состояние смерти (голуби «пьют ледяной пот») о которой мы давно уже знаем, собственно, по этой причине она нарицательна, это просто одно из состояний.

Плоды, падающие наземь (явная осень) одновременна с зимой за холмом. Это всё просто музыка и живопись, мерцающие в текучем завораживающем слове поэта.

Последние строчки двух последних строф (а лучше сказать, фрагментов строф, потому что между ними пауз больше и они субъективно длиннее, чем словно бы на полуслове обрывающиеся строки, так и не складывающиеся в полноценные катрены и даже не застывающие в литые терцеты, а робко ограничивающиеся двустрочием и даже одной строкой), — последние строчки неожиданно рифмуются, чем ещё больше подчёркивают зеркальность поэтического ландшафта (лба — судьба).

ХОЭНБУРГ
(2-я редакция)

HOHENBURG
(2. Fassung)

Никого в доме. В комнатах Осень;
Лунно-светла́ соната,
И вдруг очнёшься у края брезжущего леса.

Вдали от суеты времени только и видишь в мыслях
Белое лицо человека;
И рада над ушедшим в видения склониться зелёная ветка,

Крест и закат;
Звезда Поющего обнимает его руками в багрец,
Восходя к нелюдимым окнам.

Так что во мраке дрожащий Странник
Поднимает молча веки над тем, Человеческим,
Что давно уж вдали; в передней серебряный голос ветра.

Процесс работы над (7) стихотворением виден по первой редакции, где отсутствовал последний терцет, а дом, напротив, имел более конкретизированные черты — дом отца. Ясно, что поэт размышляет над гибелью рода (читай: всего человечества), и в видениях (а не во сне! перевод названия сборника «Себастьян во сне» это ошибка) словно бы пытается «вспомнить» (белое) лицо человека.

(*Denken* здесь транзитивный глагол, «вспоминать», «мысленно воспроизводить»).

Важно также, что реципиент видений находится вдали от суеты времени (*ferne*), а Человеческое давно ушло в даль (то есть, тоже *fern*), и отсюда мы понимаем, что он находится в том же отстранении, отдалении от сцены, на которой разворачивается происходящее.

Путём добавления ещё одного терцета (по сравнению с первой редакцией) мы снова оказываемся там, откуда вышли, в пустом доме, в прихожей которого (лишь) серебряный голос ветра.

Интересно, что звезда обнимает своими руками в багрец *den Tönenden* Звучащего (Поющего), но в отсутствие людей голосом наделяется только ветер. Соната и Осень не в счёт, их «звучание» — в свете и цвете. Таким образом дрожащий во тьме Странник молча (!), это словно подчёркивается, поднимает веки над тем, чего уже нет, над Человеческим, а поющий ветер и его звезда приобретают черты субъектов произведения. Странник — «дрожащий», потому что видение исчезновения человека, человеческого из знакомого пейзажа хоть и грандиозно, но холодом пробирает от него. Никого в доме; Звезда ветра обнимает его своими руками в багрец; Ветер поёт в прихожей серебряным голосом...

ВИДЕНИЯ СЕБАСТЬЯНА

SEBASTIAN IM TRAUM

1

Мать вынашивала младенца при белой луне,
Под сенью лещины, бузины первобытной,
Пьяная маковым соком и плачем дрозда,
И молча,
Сострадая, склонялся над ней бородатый Лик

В тёмный проём окна; и ветхая утварь
Предков
Разлагалась, гнила; любишь когда и виденьями осени полон.

Оттого так туманно, годы спустя, печальное детство, и в тот день года, —
Когда наклонился мальчик к серебряным рыбам в холодной воде, —
Лицо Покоя;
И когда он оцепенев под копыта бросился вороных,
В серой ночи встала над ним его звезда;

А ещё когда он, за материнскую стылую руку держась,
На закате по осеннему кладбищу Святого Петра проплывал,
Оживал нежный труп в темноте его комнаты,
На него поднимая тяжёлые веки.

Всё равно он был только пичужкой на голой ветке,
Долгими колоколами ноябрьским вечером,
И молчаньем отца: лунатиком спускался тот
                              по брезжущей лестнице винтовой.

2

Мирный покой души. Зимний безлюдный вечер.
Тёмные очертания пастухов у старого пруда;
И младенец в хлеву под соломенной крышей; о как тихо
Чёрным ознобом сюда наклонялся Лик.
Ночь Рождества.

А еще когда он, на твёрдую руку отца опираясь,
Мимо мрачной Голгофы плыл
И из ниши в скале

Выходил синий призрак, придуманный им же самим,
И из раны под сердцем струилась багряная кровь,
О, как тихо тогда в детской душе воцарялся крест.

И любовь; и в чёрных заулках таял снег,
И весело плутал голубой ветерок в бузине первобытной,
Под сумрачным сводом лещины;
Где впервые явился мальчику розовый ангел.

И радость; потому что в прохладных комнатах вечер сонатой звучал,
И с коричневых балок
Падал, куколку сбросив, голубой мотылёк.

О, близость смерти. Из каменной кладки стены
Проступала изжелта голова ребёнка,
Потому что в том марте Луна сгнила.

3

Розовый звон Воскресения в гробнице под сводами ночи
И серебряный голос звёзд,
И во сне вздрогнул спящий и с чела отлетело безумие.

О, как тих этот спуск вниз по синей реке,
Вспоминаешь забытое, потому что в зелёных ветвях
Дрозд позвал Постороннее зайти, закатиться, на запад.

А ещё, когда он, за костлявую руку держась,
Шёл под вечер к изгнившей стене городской,
И старик в чёрный плащ прятал розового младенца,
Под тенистой лещиной, увидел он, проплывает Дух Зла.

О, зелёные клавиши лета, лестниц замшелых ступени. О, как тихо
Сгнил в багровом молчании осени сад,
Аромат и тяжёлая грусть бузины первобытной,
Потому что в тени Себастьяна замер ангел, серебряный голос его.

(8) Стихотворение дало название всей книге 1915 года.
       Слово *Traum* здесь никак нельзя переводить как «сон, сновидение» и тем более «мечта, иллюзия». Это виде́ния.
       Ушедший в видения «повествователь» отождествляет себя
с Себастьяном, святым, который обыкновенно изображался
умирающим от стрел, пригвоздивших его к дереву, здесь понятно,
что перед ним (незадолго до смерти) в изменённом состоянии со-

знания проплывают картины детства (вот почему и самое первое стихотворение сборника называется «*Kindheit*»), которые однако разбиваются на несколько планов, это:

1) евангельский сюжет Рождества в первой и второй части и Воскресения — в третьей, и Голгофа — во второй;

2) воспоминания о прогулках со взрослыми, когда он последовательно держится за руку матери, отца и старца;

3) встреча с Ликом смерти;

4) и тут же — со своей звездой;

5) воздвижение в детской душе Креста, Любви и Радости;

6) другие «герои детства» — нежный труп, синий призрак и розовый ангел, часто придуманные им самим: всё это работа детской души…

Иногда в этой текучести можно разобрать некую вариативность — розовый ангел и Дух Зла видятся в одном и том же месте, то есть, всё зависит от взгляда, момента, мгновения…

Все эти планы разнообразно перемешиваются друг с другом, создавая марево настроения, текучесть медитативной работы памяти… Надо всем этим надмирно звучит:

«Дрозд позвал Постороннее зайти, закатиться, на запад». (Самое время вспомнить: «Элис, в чёрном лесу тебя уже кличет дрозд — Это значит, пора закатиться»). Из другого стихотворения мы позже узнаем, что «Душа на Земле — Постороннее (Странница)», речь о ней, о её, души, закате, гибели. (Одновременно это и Элис-солнце-сестра, которым тоже пора «закатиться»).

Вот почему так часто повторяется одно и то же слово — *Verfall*, распад, разложение, гниение, гибель; и *Untergang* закат, заход (Солнца), упадок, гибель. В поэтике Тракля, как мы знаем, это просто одно из состояний, дающее возможность перехода, а заодно — и странных, чудесных прозрений.

И всё это происходит в полной тишине, и тишина эта подчёркивается словами *leise, stille*, звучат только долгие колокола, да и то, когда «ребёнок» сам становится ими, да серебряный голос (сначала звёзд, а затем и ангела), который, впрочем, сразу же замирает.

НА БОЛОТЕ
(3-я редакция)

AM MOOR (3. *Fassung*)

Путник под чёрным ветром; тихо шепчет сухой камыш
В болотном безмолвии. На сером небе
Клином дикие птицы;
Поперёк мрачных вод.

Мятеж в небесах. В подкосившейся хижине
Вспархивает на чёрных крылах тлен;
Скрюченные берёзы стонут под ветром.

Вечер в безлюдном трактире. Возвращение домой
Окружено тяжёлой печалью пасущихся стад,
Явление ночи — жабы всплывают из серебристых вод.

(9) В стихотворении (традиционная для Тракля прогулка, заканчивающаяся, как правило, вечером в трактире) сразу же обращает на себя внимание повторение в конце первой и третьей строфы слова *Wassern* (воды, вод) — именно так, во мн. ч.

Явно это не случайно. Явно это граница миров, или — лучше — место перехода, как оно архетипически и должно быть. В первом случае — над ними птицы. Во втором — при приближении ночи, что важно, появление жаб с обратной стороны, из-под, с изнанки. Важно и то, что воды серебристые. Это цвет даже не одиночества — а отсутствия, вспомним серебряный голос ветра, ангела и т. д.

В середине же — некоторое смятение, страшноватый полёт «распада», «гниения» в замкнутом пространстве точно так же разваливающейся, гниющей избы. На чёрных крыльях.

Я думаю, здесь путник, а не путники, несмотря на отсутствие артикля. Отсутствует он у всех слов, открывающих новый терцет.

На это же намекает и ранняя редакция стихотворения (см. в разделе 2.4 *Другие редакции...*), у которого было название «Декабрь».

Там под чёрным ветром был плащ (один, с определённым артиклем, во второй редакции плащ остаётся, но артикль исчезает). Тракль, скорее всего, имеет в виду себя.

Во второй редакции исчезло и название, зато появилось болото и много чего интересного другого. Однако все эти дивные (и страшные) образы, «власяной снег», например, — Тракль отказывается от них ради целостности стихотворения и ясности поставленной задачи и её решения. (Ещё раз хочется сказать, как внимательно Пауль Целан читал не только раннего Тракля, но и ранние варианты и редакции его стихов!)

ВЕСНОЙ

IM FRÜHLING

Где бесшумно падал от тёмных шагов снег,
В тени деревьев
Розовые веки поднимают любовники.

Всё ещё идёт вслед за тёмными криками шкиперов
Звезда и ночь;
И вёсла бесшумно вздымаются в такт.

Скоро у сгнившей стены зацветут
Фиалки,
Зазеленеет — так же безмолвно — висок Одинокого.

(10) Я бы назвал этот жанр «минималистической ораторией безмолвия».

Конечно, это вариант «виде́ния».

ВЕЧЕР В ЛАНСЕ
(2-я редакция)

ABEND IN LANS
(2. Fassung)

Блуждание по сумрачному лету
Мимо снопов пожелтевшей ржи. Под выбеленными сводами,
Где ласточка дико металась, пили мы огненное вино.

Славно: тяжёлая грусть и багряный смех.
Вечер и тёмное благоухание зелени
Ливнями остужают нам разгорячённый лоб.

Серебристые мчатся ручьи над уступами леса,
Ночь и — речь отнялась — какая-то пропащая жизнь.
Друг; усыпаны листьями мостки в деревню.

(11) Слово «друг» здесь эвфемизм, маска. Для других они просто
«друзья».

У МОНАШЬЕЙ ГОРЫ
(2-я редакция)

AM MÖNCHSBERG
(2. Fassung)

Где под сенью осенних вязов заросшая срывается вниз тропа,
Вдали от спящих пастухов и их шалашей,
Всё ещё следует за путником тёмный облик прохлады

По костяным мосткам, гиацинтовый голос мальчика,
Тихо рассказывая забытые предания леса,
Нежнее Больное теперь буйная жалоба брата.

И вот прикасается скудная зелень к коленям Странника,
К окаменевшей его голове;
Всё ближе шум синий источник жалоба женщин.

(12) в этом стихотворении Тракль смелее идёт на синтаксические сдвиги. Речь о последних строках второго и третьего терцета, где отсутствуют знаки препинания.

Хотя, скорее всего, это говорит о том, что вторая редакция осталась недописанной. Контраргумент: включение её в итоговый состав сборника.

Слово *Also*, открывающее третий терцет (и отсутствовавшее в первой редакции), словно вводит замаскированную прямую речь, предания леса, о которых рассказывает гиацинтовый голос мальчика (о мальчике см. выше прим. к другим стихотворениям).

Интересна также концовка в первой редакции стихотворения (*см. раздел 2.4 Другие редакции...*), которая сильно отличается от того, что в итоге получилось.

МОНАШЬЯ ГОРА — гора в горном хребте, почти полностью опоясывающем Зальцбург.

ПЕСНЬ КАСПАРА ХАУЗЕРА
Для Бесси Лоос

KASPAR HAUSER LIED
Für Bessie Loos

Неподдельно это он солнце любил, багряно спускавшееся с холма,
Лесные тропинки, пение чёрной птицы
И весёлую зелень.

Строго так обитая под сенью дерева,
И лик его был чист.
Бог говорил и сказал нежное пламя к его сердцу:
О, человек!

Шаг его еле слышал город, когда выходил он под вечер,
Тёмная жалоба рта:
«Кавалеристом хочу стать, как мой отец».

Но вслед за ним шёл куст и птица,
Дом и сумерки-сад людей белоликих,
И убийца уже притаился во мраке.

Весна, и лето, и чудесно так осень
Праведника. Тихий шаг
По тёмным комнатам к Позабывшимся.
По ночам оставаясь один на один со своей звездой:

Видел, как на голые сучья ложится снег,
А в сумрачной прихожей — тень убийцы.

Серебристо скатилась Нерождённого голова.

(13) Стихотворение начинается с нарочитой неправильности
Er wahrlich liebte die Sonne (правильный порядок слов: *Er liebte die Sonne wahrlich*, либо *Wahrlich liebte er die Sonne*), — поэтому я и выделяю слово «неподдельно», относящееся периферийно и к самому герою стихотворения.

Второй сдвиг происходит во фразе *Gott sprach eine sanfte Flamme zu seinem Herzen*, где слово *sprach* «говорил» звучит абсолютно библейски за счёт двойного управления: 1) говорил к; и 2) (становясь переходным) говорил «что» («нежное пламя»); да, понятно, что «нежное пламя» может относиться к самому Богу (то есть слова Бога это «нежное пламя»), но в отсутствие знаков препинания это может быть и не так. Не говоря уже о возможности интерпретировать это место следующим образом, что Бог говорил самого себя (как нежное пламя) его сердцу, открывая в самом акте говорения активное действие само-подавания, само-дарения, само-преподнесения в дар.

КАСПАР ХАУЗЕР (*Kaspar Hauser*, ~1812–1833), прозванный «Дитя Европы» — известный своей таинственной судьбой найдёныш, одна из загадок *XIX* века. Юноша, практически не умевший ходить и говорить, был найден в Нюрнберге, в Троицын день 1828 года, убит неизвестным пять лет спустя.

Вышедший в 1908 году роман Якоба Вассермана вновь пробудил внимание читающей немецкой публики к этому загадочному явлению человека, который, согласно Траклю, явил собой пример бытия Нерождённого.

Фраза «кавалеристом хочу стать», единственная членораздельная, на старо-баварском диалекте, которую повторяет Каспар, когда его находят люди, возможно, ведёт свой происхождение из немецкого букваря начала XIX века *A söchtener Reuter möcht i wern, wie mein Voater gwen is* («*Ein solcher Reiter möchte ich werden, wie mein Vater gewesen ist*»).

АДОЛЬФ ЛООС (*Adolf Loos*, 1870–1933) — венский архитектор и критик искусства, выступавший против принципов архитектуры югендштиля. Входил в круг Карла Крауса, в 1913 года с ним познакомил Тракля Эрхард Бушбек.

Тракль посвятил Адольфу Лоосу первую редакцию стихотворения, которую впоследствии снял, чтобы посвятить ему «Видения Себастьяна».

Позже состоялась совместная поездка в Венецию с Адольфом Лоосом и его женой Бесси, которой Георг, в свою очередь, посвятил стихотворение «Каспар Хаузер».

НОЧЬЮ

NACHTS

Синева моих глаз в омрачении ночи погасла,
Красное золото сердца. О! как пламя горело тихо.
Синий плащ твой гибнущего укрыл,
Красные губы твои помрачение друга скрепили печатью.

(14) Это блистательное четверостишие строится, как легко можно заметить, на параллелизмах: на двух цветовых эпитетах, синем и красном, слове *Nacht* в первой строке и *Umnachtung* («помрачение») в последней, на словах «сердце» и «губы» (звучащих в этом настойчивом параллелизме как внутреннее и внешнее), на мотиве угасания (цвета глаз и сознания) и горения (золото сердца и пламя (лампы? свечи? того же сердца?)), гибели и спасения (гибели от запретной любви и спасения благодаря ей).

И ещё: «я» и «ты» даны лишь косвенно — через притяжательные «мой», «твой» (ранняя редакция перевода).

(Ранняя редакция перевода)

ночью

Синева моих глаз выцвела в эту ночь,
Красное золото сердца. О! как пламя горело тихо.
Синий плащ твой склонившегося укрыл,
Красные губы твои помраченье скрепили печатью.

Стихотворение, замыкающее раздел, единственное, где тема прогулки-видения сменяется достаточно откровенным минималистским эротическим нарративом.

(И поэтому соблазнительно видеть его завершением то ли всякой прогулки, то ли всякого видения).

Кроме того, слово *Freund* (друг), явно приобретающее в этом стихотворении значение «Любимый», возвращает нас к стихотворению «Вечер в Лансе», где в последней строке оно звучит как выдох:

Freund; die belaubten Stege ins Dorf.
Друг; листьями усыпаны мостки в деревню.

(Это эвфемизм, по-видимому; так и хочется сказать:
Милая; листьями усыпаны мостки в деревню).

ПЕРЕВОПЛОЩЕНИЕ ЗЛА
(2-я редакция)

VERWANDLUNG DES BÖSEN
(2. Fassung)

Осень: движение чёрных шагов по опушке леса. — Минута растерзанной немоты. Чуткий лоб прокажённого под лысым деревом. И давно прошедший вечер сходит по мшистым ступеням. — Ноябрь. Под колокольные звоны пастух в деревню ведёт чёрных и красных коней. В лещине зелёный охотник дичь потрошит. Руки дымятся от крови, над его глазами, в листве вздыхает тень зверя, багрово-безмолвная. — Лес. Врассыпную воро́ны, три. Полёт их подобен сонате, выцветшие аккорды и мужская тяжёлая грусть. — Медленно тает золотое облако. Мальчишки у мельницы разжигают костёр. Он брат самого Бледного пламени, что смеётся зарывшись в свои багряные волосы; или это место убийства, каменистая не зарастает тропа. Барбарисы пропали, круглый год проходит в видениях, в свинцовом под соснами воздухе. — Страх, зелёный мрак, бульканье в горле утопленника: из звёздного пруда тащит Рыбак огромную чёрную рыбу, ужас в лице и безумие. На фоне бранящихся мужиков под голошение тростника качается он в красной лодке на стылой осенней воде, продолжая жить в тёмных преданиях своего рода, и окаменевшие глаза над ночами и ужасом девственниц вечно разверсты. Зло.

Что заставляет стоять тебя здесь, на обветшавшей лестнице, в доме твоих отцов? Свинцовы черно́ты. Что в серебристой горсти подносишь к глазам? — и веки упали как пьяные маком. Но сквозь кладку из камня видишь ты небо в звёздах, Сатурн, Млечный Путь; красно всё. Гневно лысое дерево в кладку стучит. Ты на прогнивших ступенях: дерево, камень, звезда! Синий зверь ты, и беззвучно дрожишь — и ты бледный жрец, забиваешь его, на чёрный алтарь возложив. О улыбка во мраке твоя, печальная, злая, так что ребёнок бледнеет во сне. Красное пламя взвилось из горсти и сожгло мотылька. О флейта света, ты флейта смерти. Что заставило остановиться тебя на давно обветшавшей лестнице, в доме твоих отцов? Снаружи в ворота хрустальными костяшками пальцев ангел стучит.

О этот ад, этот сон; тёмные улочки, коричневый садик. Тихо фигура умершей звенит в синем вечере. Зелёные цветики вкруг, и лик от неё отлетел. Или оно, побледнев, над холодеющим ликом убийцы во мраке прихожей склонилось; Молитва, багряное пламя похоти; умирая во мрак устремился по чёрным ступеням спящий.

Кто-то покинул тебя на развилке дорог и ты обернувшись глядишь. Серебрятся шаги под сенью скрюченных яблонек. Багряно светится плод на чёрных ветвях, в траве сбросила кожу змея. О! этот мрак; на ледяном челе проступает пот, чёрные бродят виденья в вине, в деревенском трактире, под прокопчёнными балками. Ты, всё ещё Бесплодная земля, уже начаровал себе розовые островки из бурого облака табака и изнутри себя извлёк дикий крик грифа, когда его в море носит средь скал, в штормах и во льдах. Ты — зелёный металл, внутри которого пламенеет лик, которое хочет скорей умереть, чтобы петь о холме костяном из тех мрачных времён, когда ангелы в пламени падали. О! Отчаяние, что с криком немым кидает тебя на колени.

Покойник приходит к тебе. Из сердца сочится сама собой кровь и в чёрных бровях несказанный гнездится миг; тёмная встреча. Ты — месяц багряный, что зелёною тенью проходит в оливах. И следом за ним — непреходящая ночь.

(15) Первой редакцией (но скорее, черновиком) можно считать предшествовавший этому текст под названием:

ВОСПОМИНАНИЕ
(фрагмент)

Тихо обитал ребёнок в пещере ночи прислушиваясь к звону лучистого цветка в синей волне источника. И из разрушенной кладки стены проступала бледная фигура матери и в дремлющих руках носила она Рождённого в боли, сомнамбулой по саду бродя. И звёзды были капли крови в лысых сучьях и они падали во власяницы волос Ночевицы, и мальчик со вздохом поднимал багряные веки на лике серебряном в ветре ночном.

Бодрствующая в вечернему саду в тихой тени отца, как пугает эта лучистая голова терпеливая в синей прохладе и безмолвии комнат осенних. Золотая тонет лодочка солнце на одиноком холме и немеют в изголовье серьёзные кроны. Тихо встречает дремлющий лик во влажной ещё синеве сестру, зарывшись в её червлёные волосы. Черно за ним следует ночь.

Что заставляет стоять тебя здесь на сгнившей лестнице винтовой в доме отцов, когда в хилых руках гаснет мерцает подсвечник. Час одинокого мрака, безмолвно очнёшься в прихожей в бледном призраке месяца. О как печальна холодная ухмылка Зла, так что бледнеют розовые щёки спящей. В содрогания закуталось чёрное полотно окна. И брызнуло пламя из сердца его, серебристо пылая во мраке, поющей звездой. Молча в землю осели хрустальные тропы детства в саду.

Из сопоставления с черновиком следуют очень важные вещи:

1) «розовые щёки сестры», бледнеющие от злой и холодной ухмылки Зла — во второй редакции: розовые островки, которые «начаровывает» себе субъект стихотворения среди облаков табачного дыма в трактире.

   Упоминания сестры вроде бы нет, но оно есть, автор называет её словом «ребёнок», а злую, холодную улыбку присваивает себе.

2) стихотворение «Видение Духа Зла», где тоже упоминаются прокажённые, заканчивается строкой, которую я перевожу так:

   «Брат и сестра дрожат в заглохшем парке».

3) эпитет «розовые» (обычно во мн. ч.) — всегда там, где говорится «о любви», «любовники поднимают розовые веки» и тп.

4) поэтому и название, прихожу я к выводу, должно быть не «Превращение Зла», а «Перевоплощение Зла», то есть ещё одна личина Зла. Оно, Зло, выглядит ещё и вот так.

Предание о Рыбаке, скорее всего, имеет отдалённое отношение к хранителю Грааля, был такой Король-Рыбак. Словно на заднем плане, под сурдинку, что называется. Поэтому Рыбак с заглавной буквы. Ещё одна фигура, важная для всей поэтики Тракля.
Отсюда и *«Ты, всё ещё Бесплодная земля»*.

ОСЕНЬ ОДИНОКОГО

В ПАРКЕ

IM PARK

Всё так же бродя по старому парку:
О! безмолвие жёлтых и красных цветов.
Вы тоже скорбите, нежные демоны,
И ты, осеннее золото вязов.
Недвижен у голубого пруда
Тростник, и дрозд умолкает под вечер.
Так склони же и ты чело
Перед треснувшим мрамором предков.

(16) Следующий раздел в книге «Видения Себастьяна» (1915) под
названием «Осень Одинокого» открывается этим, с виду простым,
восьмистишием. Интересно сопоставить его со стихотворением
«Лето», где тема тишины в мире (в природе) будет развита ещё
более напряжённо, когда посреди всеобщего молчания слышно
будет только «шумное платье твоё / на лестнице винтовой».

ОДНАЖДЫ В ЗИМНИЙ ВЕЧЕР
(2-я редакция)

EIN WINTERABEND
(2. Fassung)

В час, когда метель навзрыд,
Колокол не молкнет дальний.
Станет светлый дом печальней,
Стол для путника накрыт.

Кто устал, кто жил вдали,
Тёмною пришёл дорогой.
Золотое Древо Бога
Бродит соками земли.

Входит странник, тих и слеп,
Боль порога — твёрдый камень.
Осиянны, чистый пламень,
На столе вино и хлеб.

(17) Ср. с 1-й редакцией стихотворения в разделе 2.4 *Другие редакции...*

Этот шедевр подробно разбирает Мартин Хайдеггер, привлекая к рассмотрению обе версии[*].

---

[*] Впервые опубликовано в: Heidegger, Martin. Georg Trakl. Eine Erörterung seines Gedichtes. — Merkur. Deutsche Zeitschrift für Europäisches Denken, выпуск Nr. 61 (März 1953), S. 226–258.

ОТВЕРЖЕННЫЕ

DIE VERFLUCHTEN

1

Вот сумерки. Старух влечёт фонтан.
В каштанах смех: он, красный, ранит слух.
Из лавки вытекает хлебный дух.
Подсолнухи поникли. Вечер пьян.

Трактир у речки стонет без конца.
Гитары, деньги, звон, бедлам, излом,
Малышка, ты — перед дверным стеклом —
Вся в белом и в сиянии венца.

О! Синий, что дрожит на стёклах, свет
В терновой муке, упоенье, где
Писака-смерть черкает по воде,
И лыбится, кривится силуэт.

2

Там синий плащ чумы, там вечер ждёт.
Угрюмый гость неслышно дверь прикрыл.
И клён в окне, и тяжесть чёрных крыл.
В ладони мальчик ей лицо кладёт.

Порочный, частый, тяжкий взмах ресниц.
Он запускает горсть в ручьи волос.
Потоки светлых и горячих слёз
Роняя в черноту пустых глазниц.

И вздыбясь, пляшет змей клубок, в лобок
Лениво тычется, червлёный, вкруг.
И замертво ты падаешь из рук
В печаль ковра, что вечно одинок.

3

Коричнев садик, звон колоколов.
Во тьму каштана взмыла синева,
Нет, сладкий плащ, гниющая канва,
Дух женщины! Дух резеды! Жар снов

И чувств: да, да, везде цветенье Зла.
И влажный лоб хоть в мусор урони,
Где стаи крыс, червлёных звёзд рои;
И паданцам в саду уж несть числа.

Фён вздул ночной рубахи белый край.
Лунатик-мальчик. Чёрной ночи мгла.
Рука покойницы на рот легла.
Улыбка Сони — нежность через край.

(18) Соня — имеется в виду (как и в следующем стихотворении) Соня Мармеладова; Тракль в одно время зачитывался Достоевским. Но здесь это ещё одно имя сестры.

В стихотворении происходят удивительные метаморфозы, подтверждающие догадку о мерцающем явлении сестры то в образе девочки, то мальчика (эта перверсия развивается далее в слияние брата с сестрой до полного смешения):

в первой части посреди бедлама (борделя) возникает Малышка —

Малышка, ты — перед дверным стеклом —
Вся в белом и в сиянии венца.

во второй части это уже мальчик —

В ладони мальчик ей лицо кладёт.

в 3-й части —

Лунатик-мальчик. Чёрной ночи мгла.
Рука покойницы на рот легла.
Улыбка Сони — нежность через край.

И завершается всё улыбкой Сони.

СОНЯ

SONJA

Вечер в сад забрёл, плутая;
Соня ходит в синей дрёме.
Проплывает птичья стая;
Лысый дуб в осенней дрёме.

Дал подсолнух слишком рано
Кров для белой жизни Сони.
Алая велела рана
Жить затворницею Соне —

Там, где благовесты сини:
Ходит, ходит, словно в дрёме.
Мертвой птицы — тени линий,
Лысый дуб в осенней дрёме.

Солнце древнее кружится,
Соне выбелило брови,
Снег на лоб её ложится,
Влажен дикий абрис брови.

(19) Какое-то акмэ для Тракля, время для блистательных стихотворений, одно другого великолепнее.

Мне кажется, нет необходимости ещё раз подчёркивать, с кем ассоциирует Георг героиню «Преступления и наказания».

ВДОЛЬ

ENTLANG

Убрана рожь, и в давильне печальней
Осень, покойней, слышней.
Смех в багряной листве страшней
Молота и наковальни.

Астры с невидимой изгороди
Белой девочке дай.
Давно ли мы умерли, отгадай;
Чёрное Солнце хочет взойти.

Замер карась, словно красная рана;
К себе прислушался лик.
Вечер как ветер в окне возник,
Синие звуки органа.

Блеснёт втихомолку, мерцаньем звезды,
Тянет и тянет ещё раз взглянуть:
Мать проплывает. Ужас и жуть
Чёрной во тьме резеды.

(20) Несколько загадочно название стихотворения, состоящее из одного предлога. Но если вдуматься, в этой бесконечной протяжённости (вдоль чего? первое, что вспоминается — *das Leben entlang* в течение жизни, буквально: вдоль жизни, причём текст как бы произносится от лица умершего, позже это станет любимым приёмом Пауля Целана), — в этой бесконечной протяжённости и прячется смысл.

ДУША ОСЕНИ
(2-я редакция)

HERBSTSEELE
(2. Fassung)

Лай кровавый, взвизги псов.
Крест и бурый холм, и в зное
Зеркало пруда слепое,
Ястреба гортанный зов.

Над жнитвом и над тропой
Тишина черна, пуглива;
Небо чистого отлива
В ветках, и ручей скупой.

Рыбкою душа скользнёт
Голубая, в темень, мимо.
Где другие? Кем любимы?
Вечер смысл и образ мнёт.

Хлеб с вином, для кротких рай,
Бог подставь лишь мягки руки,
Слёзы льёшь в них, смерть и муки,
Тёмной жизни красный край.

(21) Ср. с 1-й редакцией стихотворения в разделе *2.4 Другие редакции...*

АФРА
(2-я редакция)

AFRA

(2. Fassung)

Дитя в златых власах. Молитвы пламя
Темней, с вечерней влажною прохладой.
Улыбка Афры — красно — в жёлтой раме
Подсолнух; страх; и зной; и всё ж отрада.

Так в оно время, плача, в синем платье
На витражи смотрел монах, и стыла
В нём кровь: он призрак заключал в объятья,
Когда в крови блуждали звёзды Милой.

Безмолвье бузины. Закат. Волненье.
Рябь синяя коснётся лба, и речи
Не быть. Плат власяной. Гробница. Своды.

И паданцы гниют. И без движенья
Клин птичий — с умирающими встреча —
Повис: и тёмные вослед им годы.

(22)

АФРА — католическая мученица и святая, покровительница Аугсбурга.

За отказ отречься от христианской веры сожжена заживо в 304 году, вот почему «зной» и «красная улыбка».

Покровительница кающихся женщин. По легенде, до своего обращения в христианство ублажала странников в храме Афродиты, отсюда и имя.

Ранняя редакция перевода:

АФРА

Златоволосая. Псалмы виною
Тому, что Афра, улыбаясь ало,
Темнеет в мареве из сна и зноя,
В подсолнухе, где чёрным солнцем стала.
Так в оно время, плача, в синем платье
На витражи смотрел монах, и стыла

В нём кровь: он призрак заключал в объятья,
Когда в крови блуждали звёзды Милой.
Безмолвье бузины. Закат. Крушенье.
Осенний дым. И в голубую воду
Войти. На гробе — только плат линялый.
И паданцы гниют. И без движенья
Повисли птицы в тихую погоду —
С умершим встреча: тьме веков — всё мало.

ОСЕНЬ ОДИНОКОГО

DER HERBST DES EINSAMEN

Темнеет осень от щедрот и крова,
Желтеет блеск обласканного лета.
За гнилью — синь нетленного Иного.
В полёте птиц — предания примета.
Вино в давильнях. И, нежнее слова,
На все вопросы: тишина ответа.

Крест на холме — как на глазах заплата;
Коровы в красной роще. Где мы? Кто мы?
Грозою зеркало пруда чревато.
И селянин — стоит, в тисках истомы.
И, синее, скользит крыло заката
По чёрной зяби, крышам из соломы.

В бровях усталости одно мгновенье
Гнездиться звёздам. Сдержанность пугливо
Вернётся в дом, где ангелы томленья
Из глаз у любящих выходят молча. Нива
Любви. Терпите же. Что ужас тленья?
Бьёт по ресницам чёрной каплей ива.

(23) Стихотворение, завершающее одноименный раздел, невероятно, пронзительно лирично. Что тоже характерно для экспрессионизма. Несмотря на самые дикие представления о нём.

СЕМИПСАЛМИЕ СМЕРТИ

ПОКОЙ И МОЛЧАНИЕ

RUH UND SCHWEIGEN

Пастухи хоронили солнце в лысом лесу.
Рыбак тащил
Власяною сетью луну из стынущего озера.

В голубом хрустале
Бледный живёт человек, прижимаясь щекой к блеску своих звёзд,
Или он голову клонит в багряном сне.

Но чёрный полёт птиц вечно касается тенью
Свидетеля, святость синих цветов,
Близость безмолвия перебирает в уме Позабытое, погасшие ангелы.

Снова ночью очнёшься на лунных холодных камнях:
Сияющим мальчиком
Проходит сестра мимо осени в чёрное тленье.

(24) «Мальчик» уже двенадцать раз до этого стихотворения появлялся в разных обличиях. В этом стихотворении соединяются мальчик-Солнце, умерший мальчик Элис и прямое указание на сестру. Стоит ли объяснять, почему мальчик «сияющий»?

АНИФ

ANIF

Вспомнишь вдруг: чайки скользят по тёмному небу
Человечьей печали.
Тихо живёшь под сенью осеннего ясеня, —
И холм тебе впору, —

Вечно идёшь по теченью зелёной реки,
Когда сделался вечер,
Неумолчная любовь, мирно приветствуя тёмного хищника,

Розового человека. Хмелея от голубоватого
Запаха, лбом случайно коснёшься отжившей листвы
И вспомнишь строгий лик матери:
О, во тьму это всё переходит:

Строгие комнаты, ветхая утварь
Предков,
От чего сотрясается грудь Странника.
О вы, звёзды и знаменья.

Вина твоя многа, рожденный. О вы, золотые мурашки
Смерти, о боль,
Ведь душа видит и похолоднее цветенье.

Снова в лысых ветвях ночная птица кричит,
Услыхав шаги эти: *Лунное странствует,
Ледяной дует ветер у каменных стен деревни.*

(25) Аниф — замок под Зальцбургом, неподалёку от Хельбрунна.
Ср. с ранней редакцией в разделе 2.4 *Другие редакции…*

РОЖДЕНИЕ

GEBURT

Горы: Снег. Чёрный мрак. Но ни звука.
Красно из рощи катится вниз охота.
О, замшелые взгляды жертвы.

Мать затихла, под чёрными елями
Разжались пальцы во сне,
Когда показался тлея холодный месяц на свет.

О, рождение человека. Ночное журчание
Голубого ручья в скалистом грунте;
Стенающий падший ангел увидел своё отраженье,

В затхлой комнате Бледность стряхнула с себя сон.
Две луны,
Сверкнули глазницы окаменевшей старухи.

О боль, о кричит роженица. Чёрным крылом
Прикасается к вискам младенца ночь,
Снег, что бесшумно из багряного облака сыпет.

(26) Это всё, что угодно, но не христианское понимание рождения человека, особенно на фоне падения ангела (ангельский мятеж на небесах вместе с Рождением Христа являются двумя центральными темами основного христианского мифа: бесшумно падающий снег из багряного облака намекает на таинство Рождества). Здесь, на мой взгляд, начинается чисто траклевская концепция Жертвы (да вот она: в в конце первой терцины). Человек (отдельно) и человеческий род в целом приносятся в жертву Красоте, созданной Творцом. Красива их неминуемая гибель, как и красива, скажем, осень в своём умирании.

ГИБЕЛЬ
Карлу Борромеусу Хайнриху

UNTERGANG
An Karl Borromaeus Heinrich

Над белым прудом
Сорвались с места дикие птицы.
Вечером с наших звёзд ледяной дует ветер.

Над нашими могилами
Склоняется разбившийся Лик Ночи.
В серебристой лодке качаемся под дубами.

Всё звенят и звенят белые стены города.
Под терновым сводом, о брат мой,
Мы слепые стрелки часов, лезем на Полночь.

(27) Название стихотворения *Untergang* говорит нам, что «закат» здесь подразумевается в том же эсхатологическом смысле, что и «закат Европы», то есть «гибель».

Интереснее всего здесь, на мой взгляд, абсолютная метафора, складывающая «разбившийся Лик Ночи», «терновый свод» и Часы, где субъект стихотворения и его адресат («брат») стрелками часов лезут на Полночь (*klimmen*), — складывающая всё это в единый синтетический образ. Лик Ночи «разбившийся», потому что это всемирно-космические часы, где Полночь совершенно непроницаема, и потому что он отражается в «белом пруде». А пруд белый — как бельмо, потому что «мы» (стрелки часов) слепые.

«„Абсолютная метафора" является „конститутивным признаком экспрессионистского мировидения и стиля". Если коротко, то „обе составляющие метафоры — и отдающая, и принимающая образ — сами по себе предельно зашифрованы"»*.

ХАЙНРИХ, КАРЛ БОРРОМЕУС (*Heinrich, Karl Borromaeus*, 1884–1938) — немецкий писатель, редактор журнала «Бреннер», где печатался Тракль, был очень дружен с ним. Нелишне заметить, что в марте 1913 года пытался покончить с собой. Тракль посвятил ему два стихотворения, где называет его братом, «Гибель» (*Untergang*) и «Голос отрешённого» (*Gesang des Abgeschiedenen*).

ГИБЕЛЬ

---

*   Энциклопедический словарь экспрессионизма / Гл. ред. П. М. Топер. — М.: ИМЛИ РАН, 2008.

РАНО УМЕРШЕМУ

AN EINEN FRÜHVERSTORBENEN

О чёрный ангел, вышедший молча из дерева,
Когда мы вечером предавались нежным играм
У края голубоватого колодца.
Спокойно шагали мы, и круглились глаза в буром холоде осени,
О, багряная сладость звёзд.

Но когда он спустился по каменным ступеням с Монашьей горы,
Синей улыбкой на лице друга стал, окуклился странно
В ещё более безмолвное детство и умер;
И серебряный лик остался в саду,
Прислушиваясь: в листве ли, в могильном ли камне.

Душа пела смерть, зелёное тление плоти,
И это был шум леса,
Истовый хищника вой.
Всё звонят и звонят с сумеречных башен синие колокола вечера.

И пришёл час, когда ангел увидел тени на багряном солнце,
Тени гниения в лысых ветвях;
Вечером, как запел у сумеречных стен чёрный дрозд,
Тихо прошёлся по комнатам дух рано умершего.

О кровь, бегущая горлом поющего,
Синий цветок; о огненная слеза,
Выплаканная в ночь.

Золотые облака и время. В одинокой каморке
Часто зовёшь ты в гости ушедшего,
Говоришь с ним, спускаясь под вязами вниз по зелёной реке.

(28) Здесь сестра появляется во второй, почти незашифрованной,
строке *«Когда мы вечером предавались нежным играм»*.

СУМЕРКИ ОТРЕШЁННОГО

GEISTLICHE DÄMMERUNG

Тихо встретится на опушке леса
Тёмный хищник;
На холме кончается тихо вечерний ветер,

Онемела жалоба чёрного дрозда,
И нежные флейты осени
Молчат в тростнике.

На тёмном облаке
Проплываешь пьяный от мака
По ночному озеру,

Звёздному небу.
Всё зовёт и зовёт лунный голос сестры
Сквозь отрешённую ночь.

(29) Головокружительное удвоение — звёздное небо отражается
в озере, по которому плывёт голос автора, которого в свою очередь
зовёт «лунный голос сестры».

ПЕСНЬ СТРАНЫ ЗАКАТА

ABENDLÄNDISCHES LIED

О, бьющая крыльями ночью душа:
Вышли однажды мы, пастухи, из сумеречных лесов
И смиренно шёл за нами красный хищник,

                         зелёный цветок и лепечущий

Ключ. О древняя песнь сверчка,
Цветущая на жертвенном камне кровь
И крик одинокой птицы над зелёным безмолвием озера.

О вы, крестовые походы и пылающие мученики
Плоти, стук о землю багряных плодов
В вечернем саду, где когда-то ходили блаженные мальчики,
А ныне воители, очнувшиеся от ноющих ран и звёздных видений.
О, нежный пучок васильков, эта ночь.

О вы, времена безмолвия и золотой снова осени,
Когда мы давили, монахи, багровые гроздья;
И вокруг блестели холм и лес.
О, вы, охота и замки; покой вечера,
Когда в своей каморке правое человек замышлял,
Обретая главу Бога живаго в молитве немой.

О, горький час заката,
Когда мы каменный лик созерцаем в воде.
Но лучась поднимают любящие серебристые веки:
Род наш е д и н. И струится ладан с розовеющего изголовья
И воскресших сладкий псалом.

(30) «Любящие», как и везде в мета-тексте Тракля — это Георг и Грэтль, абстрагированные до масштабов человечества: единый род. Неслучайные исторические экскурсы (крестовые походы) подтверждают это предположение.

Но слово *e i n Geschlecht* можно понимать и как «одного пола»: в дикой перверсии мальчик и девочка меняются местами, перетекают друг в друга.

ПРЕОБРАЖЕНИЕ

VERKLÄRUNG

Как вечер настанет,
Тихо синий лик от тебя отлетит.
Малая птаха поёт в листве тамаринда.

Кроткий монах
Сложил омертвелые руки.
К Марии белый ангел идёт.

Безумным ночным венком
Из фиалок, ржи и багровых гроздий
Увенчан год созерцателя.

У ног твоих встанут
Мертвецы из могил,
Стоит только лоб уронить в серебристые руки.

Безмолвно на губах твоих
Осенний месяц живёт,
Так пьянит его маковый сок тёмного псалма;

Синий цветок,
Тихо звучащий в пожелтевшем надгробье.

(31) Кажется, сестра никак не упоминается, но это не так. «От тебя» — это, скорее всего, о сестре, которую он воображает умершей. И сравнение с Марией вовсе не кажется ему кощунственным, важна не она сама, а её непорочность, по представлениям католичества; амплитуда оценки сестры, как уже говорилось, — от шлюхи до непорочной девы.

ФЁН

FÖHN

Слепые всхлипы разносит ветер, лунные дни зимы,
Детство, тихо отзвучали шаги у чёрной ограды,
Долгие звоны под вечер,
Тихо приходит белая ночь, растекаясь,

В багряные видения преображая боль и муку
Каменной жизни,
Чтобы терновое жало не смело оставить тлеющее тело.

Глубоко во сне вздыхает пугливая душа,

Глубоко в разбитых деревьях ветер,
И шатается плачущая фигура
Матери в одиноком лесу

Печали немой; ночи,
Полные слёз, огненных ангелов.
У голой стены вспыхнув серебряно рассыпался детский скелет.

(32) Чем ближе к развязке, тем тем глубже мистерия страдания и Жертвы. В тёмных строках множество всполохов: чёрная ограда, но белая ночь, слёзы полны огненных ангелов, серебряная вспышка на фоне длящейся муки отмечает давно умершее.

ПУТНИК
(2-я редакция)

DER WANDERER

(2. Fassung)

Прислонилась к холму и не сходит белая ночь,
Где в серебряных звуках высится тополь,
Звёзды и камни где.

Сонно горбатятся аркой мостки через горный ручей,
За мальчиком ходит умерший лик,
Серп месяца в розовой бездне

Вдали от поющих псалмы пастухов. Из надгробия
Смотрит глазами хрустальными жаба,
Просыпается цветущий ветер, птичий голос призрака из могилы
И тихо шаги зеленеют в лесу.

Дерево, вспомнил он, зверь. Мшистые долги ступени;
И месяц,
Что тонет, блестящий, в печальной воде.

Вернулся, бредёт по зелёному берегу,
Над руинами города в чёрной гондоле качаясь плывёт.

(33) И вот (изначально) романтический Странник (путник) Новалиса (и Гёте) помещается в экспрессионистский пейзаж пост-апокалипсиса.

КАРЛ КРАУС

KARL KRAUS

Белый Первосвященник, служитель истины,
Хрустальный голос, в котором живёт ледяное дыхание Бога,
Разгневанный маг,
Под пламенеющим плащом звенят синие доспехи воина.

(34)

КАРЛ КРАУС (*Karl Kraus*, 1874–1936), австрийский писатель, поэт-сатирик, литературный и художественный критик, фельетонист, публицист. Издатель журнала «Факел» (*Die Fakel*, с 1899), среди авторов которого Оскар Уайльд, Альтенберг, Демель, Кокошка, Ласкер-Шюлер, Генрих Манн, Шёнберг, Стриндберг, Верфель. А также Георг Тракль. Добрый друг и покровитель последнего.

«Главным его отъявленным врагом было то, что сам Краус называл „фраза“. Фраза — это то, во что каждый журналист научился превращать любое предложение. Фраза — это предложение, смысл которого при помощи слов не проявляется, а искажается. Предложение, которое морочит голову и пишущему, и читающему, прикидываясь то литературой, то политикой, то наукой»[*].

Ранняя редакция перевода:

КАРЛ КРАУС

Белый первосвященник, служитель Истины,
Голос звенит хрусталем, ледяное дыхание Бога в нём слышно,
Разгневанный маг,
Пламенеющим скрыты плащом — голубые доспехи.

---

[*] Ольга Федянина. О жителе Вены, который в одиночку пытался предотвратить XX век. *https://archives.colta.ru/docs/21834*

К ПОТЕРЯВШИМ ДАР РЕЧИ

AN DIE VERSTUMMTEN

О, безумье огромного города, где вечерами
Изувеченные деревца упираются взглядами в чёрную стену
И в серебряной маске, озирая пространства, проплывает Дух Зла;
Свет, электрический бич, заменил собой ночь.
О, отрешённые колокола перед вечерней.

Шлюха, в судорогах цепенея, выкинула недоноска,
Божий гнев рубцует лоб одержимого,
Неистов багрец эпидемий, голод, ломающий зелень зрачков,
Как же смех золота здесь омерзителен!

Но в тёмных пещерах, истекая кровью,
                              молчаньем спаслось человечество,
Голову из самого твёрдого сплава примерило к телу.

(35) В стихотворении Человечество *Menschheit* и Гелиан *Helian* уже говорилось о гибели человеческого рода, но ближе к концу Тракль говорит об этом уже не как визионер, а в экспрессионистском ключе — как о чём-то скором и неизбежном, и говорит всё чаще и чаще.

При этом «спасение» решается напротив — абсолютно визионерски.

Интересно, что Тракль ни разу не употребил в своих текстах слова *Kopf* для «головы». Это всегда *Haupt*, в духе Хёльдерлина. Даже когда она катится в «сток вонючий».

PASSION
(3-я редакция)

PASSION
(3. Fassung)

Лишь только Орфей серебристо коснётся струны
И станет оплакивать мёртвое Мёртво в вечернем саду,
О, Полузабытое, кто ты — под сенью дуплистых деревьев?
И Плач твой, так жалобно стонет осенний тростник
И пруд голубой,
Умирающий тихо под сенью зелёных деревьев
И молча идущий за тенью сестры;
За тёмной погибелью
Страсти, терзающей дикий наш род,
От которого с шумом день катится прочь на колёсах своих золотых.
Тихая ночь.

Под сенью угрюмых елей
Два волка смешали кровь,
Каменея в объятиях; пух золотой
Оставило облачко, переходя по мосткам,
Терпение детства, молчание,
И снова навстречу
Тень милого трупа, тритонами пахнущий пруд,
Заснувшего в его волосах, гиацинтово-влажных.
Когда ж наконец ты рассыплешься, холодная голова!

Но вечно бежит синий хищник,
Глазастый такой под сенью закатных деревьев,
По этим тропинкам, что темнее ещё,
От сна вдалеке, благозвучием ночи взволнован,
За нежным безумием;
Или тёмное это блаженство
Вздрогнет струной,
Припадая к холодным стопам вечно молящей прощения
В городе мёртвых камней.

(36) И вот этот момент, когда инцест соединяется с гибелью рода человеческого, но в сочетании с «тёмным блаженством» и «нежностью» безумия.

Самые глубокие мистические темы романтиков на почве экспрессионизма дают поразительно глубокие всходы, превращая личную судьбу и личные страдания в судьбу и жертву всего человечества.

СЕМИПСАЛМИЕ СМЕРТИ

SIEBENGESANG DES TODES

Голубея брезжит весна; под сосущими землю деревьями
Переходит Тёмное в закат и гибель,
Слыша, как нежно плачется чёрный дрозд.
Молча является ночь, кровь теряющий хищник,
Медленно никнет к холму.

Качается цветущая ветка яблони, воздух влажен,
Спутанность вдруг размыкается и серебрится,
Умирая из глаз ночных прочь; падучие звёзды;
Кроткий псалом детских лет.

Призрачный Спящий спустился из чёрного леса,
И в земле зашумел голубой родник,
Так что бледные веки лунатик слегка приподнял
Над снегом лица;

Месяц выгнал красного зверя
Из тёмной пещеры;
Тёмная жалоба женщин скончалась в стенаниях.

Прозрачный, лучащийся, руки воздел к звезде
Белый Странник;
Молча покинуло мёртвое Мёртво ветшающий дом.

О, истлевшая плоть, оболочка: из холодных металлов ты сделана,
Ночных страхов затонувшего леса,
Жгучей хищности зверя;
Упавшего ветра в душе.

На чёрной лодке поплыл он по серебристым потокам,
Полным багряных звёзд, и, зазеленев,
Опустилась над ним, упокоив, тяжёлая ветка,
Выпал мак из серебряных туч.

(37)

ЗИМНЯЯ НОЧЬ

WINTERNACHT

Выпал снег. Заполночь, багряным вином захмелев, покидаешь
      тёмную область людей, красное пламя их очага. О этот мрак!
Чёрный мороз. Земля жестка, воздух горчит.
        Звёзды твои составляются в знаменья зла.
Каменным шагом движешься к насыпи, круглыми сделав глаза,
      как солдат, что штурмует чёрный окоп. *Avanti!*
Горький снег и луна!
Красный волк, душит ангел его. Ноги звенят, синий лёд;
от скорбной надменной улыбки каменным стало лицо,
           от мороза бледней;
или молча склонилось над сторожем,
что в своей деревянной сторожке повалился и спит.
Морозная дымка. Белая, звёздная, плечи рубаха жжёт,
      и коршуны Бога клюют твоё сердце-металл.
О каменистый холм. Тишина здесь оттаяла и холодное тело,
        забытое в серебристом снегу.
Чёрный сон. Слух долго следит за странствием звёзд на льду.
Просыпаешься под колокольные звоны в деревне.
Из восточных ворот вышел весь в серебре розовый день.

(38) Нигде до этого я не встречал метафорического сравнения:
Ангел — Красный волк.

ГОЛОС ОТРЕШЁННОГО

ГЕОРГ ТРАКЛЬ

В ВЕНЕЦИИ

IN VENEDIG

Тихо в темени комнаты.
Колыхается пламя в подсвечнике
От дыхания Одинокого,
Не дыхания, пения;
Магия розовых туч.

Чёрные мухи, роясь,
Тьмой кроют воздух и камни,
Измучена днём золотым,
Застыла теперь голова —
Без роду, без родины.

Ночнеет бездвижное море.
Звёзды и чёрный полёт —
В канале и след их простыл.
Дитя, своей слабой улыбкой
Во сне ты за мною шла.

(39) В 1913 году состоялась совместная поездка в Венецию с Адольфом Лоосом и его женой Бесси, которой Георг посвятил стихотворение «Каспар Хаузер». Последние две строки невероятно пронзительные.

О Лоосе см. примеч. к ст. Песнь Каспара Хаузера

ПРЕДДВЕРИЕ АДА

VORHÖLLE

Уткнувшись в осенние стены, тени хотят ухватить
Поющее золото пасущихся на холме
Закатом окрашенных туч
Под сенью иссохших платанов.
Темнейшие слёзы выдыхает эта пора
И проклятие, так что сердце охваченного видениями,
Переполнено, льётся багряным закатом,
Тяжёло-печальный, город дымится внизу;
Пойдёт потихоньку странник, но бросится вслед
Золотая, прохладная, с кладбища тень,
Как во тьме нежный облик покойного.

Тихо стенает, не в силах двинуться, зданье,
Сад при сиротском приюте, тёмная богадельня,
Красные входят в канал паруса.
Во мраке встают и падают снова,
Подёрнуты тлением, чьи-то тела,
И из чёрных ворот
Выходят холодноликие ангелы;
Синева; плач матерей, убитых горем,
И катится в их волосах
Огненный диск, круглый день, колесо,
Бесконечная мука земная.

В нетопленых комнатах без всякого смысла
Ветшает убранство, костлявой ручонкой
Шарит в поисках сказок и вымыслов в синих потьмах
Неверное детство,
Жирная крыса грызёт то ли дверь, то ли гроб,
Сердце
Цепенеет в снежном безмолвии.
Эхом отскочит багряная брань —
Голод ругнулся в прогнившей тьме,
Чёрные лезвия лжи,
Громыхнула, закрывшись, медная дверь.

(40) Тема проклятия, наложенного на человеческий род, всё более овладевает поэтом. Мощные концовки тоже становятся приметой стиля.

СОЛНЦЕ

DIE SONNE

Как всегда, поднимается жёлтое солнце над сонным холмом,
Лес прекрасен и тёмный зверь,
И хорош человек: пастух он или охотник.

В зелёном пруду застыла рыбёшка, алея.
Под круглым небом
В синей лодке своей проплывает рыбак.

Медленно зреет рожь, наливается виноград.
И к часу, когда тихо падёт день,
Зло и добро обретут свои очертанья.

Когда будет Ночь,
Странник поднимет тяжёлые веки:
Из мрачного ущелья переломится солнце.

(41) Фантазия на тему «сестра-мальчик-солнце» предвосхищает понимание того, что Солнцу будет посвящено отдельное стихотворение.

ГОЛОС ПОЙМАННОГО ДРОЗДА
Для Людвига фон Фикера

GESANG EINER GEFANGENEN AMSEL
Für Ludwig von Ficker

Тёмное дыхание в зелёных ветвях.
Синие цветики омывают лик
Одинокого, золотой его шаг,
Умирающий под маслинами.
Ночь вспорхнула на крыльях хмельных.
Так тихо смирение кровоточит:
Редкими каплями росы с цветущего тёрна.
Милосердие рук, лучей,
Обнимает преломляющее их сердце.

(42) О Людвиге фон Фикере см. примеч. к ст. (2) Молодая служанка.

ЛЕТО
Sommer

Вечером бросила плакать
Кукушка в лесу.
Ниже склонилась рожь,
Алый согнулся мак.

Черная встала гроза
Там, над холмом.
Дух испустила
Древняя песнь сверчка.

Зелень каштана — лень
Двинуться ей.
Шумное платье твоё
На лестнице винтовой.

Тихо горит свеча
В тёмных покоях:
Пальцы, светясь серебром,
Гасят её:

Ни ветерка, ни звезды — царствует ночь.

(43) Этот шедевр характерен тем, что о сестре не говорится ни
слова, ни намёка, но в то же время она незримо присутствует
в стихотворении (*«Шумное платье твоё»*).

СКЛОНЕНИЕ ЛЕТА

SOMMERSNEIGE

Зелёное лето, как стал вдруг
Лик твой хрустальный тих.
Цветы у пруда на закате угасли,
Испуганный зов дрозда.

Напрасны надежды жизни. Ласточка
Готова уже к перелёту,
И солнце скрывается за холмом.
Ночь знак подаёт готовиться к звёздному странствию.

Деревни молчат: леса одни, брошены,
Вовсю шумят. Сердце,
Склонись с ещё большей любовью
Над той, что так мирно спит.

Зелёное лето, как тихо
Стало ты, как странно шаги звенят
Странника серебряной ночью.
Вот синей бы птице его помянуть, и его тропу,

И отрешённых лет его сладкозвучие!

(44) Стихотворение написано как бы в пандан к предыдущему, и примечание к нему действительно и для этого. Тоже вроде бы тема «Лето», но нет: ни на минуту поэт не отвлекается от своей любви. Предчувствие трагического конца (собственного, сестры, человеческого племени) вызывают ещё больший приступ страсти.

СТРАНА ЗАКАТА
(4-я редакция)
Эльзе Ласкер-Шюлер, в её честь

ABENDLAND

(4. Fassung)
Else Lasker-Schüler in Verehrung

1

Вышел месяц, словно покойник,
Из синей пещеры,
И соцветья осыпались многие
На горные тропы.
Серебром зарыдало Больное
У закатного озера.
Уплыли на чёрной ладье,
Погибли влюблённые.

Или то Элиса шаг
Шорохом полнит листву
Гиацинтовой рощи,
Отзвуком длясь под дубами?
О, призрачный облик мальчика,
Сотканный из ночных теней
И хрустальных слёз.
В вечный холод висков
Пали ветвистые молнии,
Когда на цветущем холме
Запели весенние грозы.

2

Нешумливы зелёные рощи
Нашей родины,
И хрустальная тихо волна
Подступает к истлевшим стенам
Так, что плачем во сне,
Поём и, помедлив,
Мимо колкой ограды
Плывём: вечереющим летом,

В святом Покое далёких
Лучащихся виноградников;
Тени мы ныне в холодном
Лоне ночи, лениво-больные орлы.
Так долго целит лунный луч
Багровые метины скорби.

3
Вы, гордые города,
Возведённые из камней
На огромных просторах!
Безмолвный Отверженный
Чувствует тёмным челом,
Как ветер запутался в лысых ветках.
Вы, брезжущие, вы, брызжущие потоки!
Вы, могучие
Краски заката
В ненастливых тучах!
И вы, вырождающиеся народы!
Бледной волной
Разбиваясь о скалы Ночи,
Вы — падучие звёзды.

(45) К концу всё чаще Тракль пишет такие «историософские» тексты, тем самым его голос овладевает новым регистром. При этом он смешивает «новалисовский миф», как он его понимал, с новой темой: темой Жертвы и гибели человеческого рода. И подпадает под мощное влияние Хёльдерлина.

ЭЛЬЗА ЛАСКЕР-ШЮЛЕР (*Else Lasker-Schüler*, 1869–1945) — поэтесса и художница, центральная фигура немецкого экспрессионизма, связанная с берлинским кругом журнала *Der Sturm*. С Георгом Траклем она встретилась один раз — в Берлине, в марте 1914 года, где Георг навещал Грэтль. Встреча поэтов произвела сильное впечатление на обоих: Ласкер-Шюлер позже откликнулась на посвящённое ей стихотворение стихами о Тракле.

ВЕСНА ДУШИ
(«Вскрики во сне»)

FRÜHLING DER SEELE
(Aufschrei im Schlaf…)

Вскрики во сне; ветер пляшет по чёрным заулкам,
В просветы сломанных веток кивают весенняя синь
И ночные багровые капли — гаснут звёзды вокруг.
Брезжит зелёным река, серебром отливают аллеи
И башни старинного города. О, смирение хмеля —
В лодке нестись сквозь туманные зовы дрозда
В садах, как дети, проснувшихся. Светится розовый флёр.

Торжественно воды шумят. О, влажные тени,
Лугами крадущийся зверь; зелёное, цветень ветвей
Коснётся хрустального лба: лодка сверкает, качнувшись.
Из розовых облаков на холме слышится пение солнца.
Огромно молчание елей, их строгие тени в реке.

Чисто! Как чисто! Где пути твои жуткие, Смерть,
Седое безмолвие камня, где же вы, скалы Ночи
И беспокойные тени? О, лучистая бездна солнца.

Сестра, когда на поляне нашёл я тебя,
Был полдень в лесу и огромно молчание зверя;
Под буйно разросшимся дубом белела ты, цвёл серебристо терновник:
Взыграли в сердце тогда всемогущая смерть и поющее пламя.

Темнее вода обняла прыски и краски рыбёшек.
Час скорби, молчащий Лик солнца;
Душа на земле — Постороннее. Брезжит, отрешённая,
Синева над поверженным лесом и долго звонит
В селении колокол: мирные проводы в последний путь.
Над белыми веками мёртвого — тихо цветущий мирт.

Тише воды шумят в склонившемся Послеполудне,
Темнеют зелёные заросли, радость в розовом ветре.
Нежный псалом поющего брата горит на холме.

(46) Знаменитое стихотворение, из тех, что блистательно разбирает Мартин Хайдеггер[*].

Особенно строку

Die Seele ist ein Fremdes auf der Erde
Душа на земле — Постороннее.

Поющий брат — умершее Солнце.

---

[*]   См. Martin Heidegger. Die Sprache im Gedicht. Eine Erörterung von Georg Trakls Gedicht // Unterwegs zur Sprache. Pfullingen: Neske, 1959. S. 35–82. (В Gesamtausgabe: GA 12.)

ВО ТЬМЕ
(2-я редакция)

IM DUNKEL
(2. Fassung)

Душа вымалчивает синюю весну.
Под влажной вечерней веткой
Пал содрогаясь у Любящих лик.

О зеленеющий крест. В тёмном разговоре
Познали друг друга мужчина и женщина.
У лысой стены
Бродит в созвездьях своих Одинокий.

На лесные дороги в блеске луны
Пала дичь
Забытых охот; ломается взгляд синевы,
Ломится из разрушенных скал.

(47) Пятая строка этого стихотворения проливает свет на «тёмные разговоры мужчины и женщины» Пауля Целана. Известно, как сильно он любил стихи Тракля.

ГОЛОС ОТРЕШЁННОГО
Карлу Борромеусу Хайнриху

GESANG DES ABGESCHIEDENEN
An Karl Borromaeus Heinrich

Полон гармонических созвучий полёт птиц. Зелёные чащи
Собрались вечером у затихающих изб.
Хрустальные пастбища Косули.
Тёмное умягчает плеск ручья, влажные тени

И цветы лета, чудесно звенящие на ветру.
Уже брезжит вечерне лоб у задумавшегося человека.

И лампадой горит в его сердце Добро
И мир его трапезы; ибо священны хлеб и вино
Из дланей Бога, и из глаз ночи
Тихо смотрит на тебя, брат, да упокой его от терновых странствий.
О, жить в синеве одушевлённой ночи!

И любовью обнимает молчание в комнате тени древних,
Мучеников багряных, жалобу великого рода,
Что кротко в единственном внуке преходит.

Ибо всё сильнее лучась очнулся из чёрных минут безумия
Терпеливый на окаменевшем пороге
И мощно обнимает его прохладная синева

                  и светящееся склонение осени,

Тихий дом и сказания леса,
Мера и закон и лунные тропы ушедших.

(48) Хрустальные пастбища Косули. Метафора отсылает, вероятно, к 11-й сказке братьев Гримм «*Brüderchen, Schwesterchen*» («Братик, сестрица»), где брат, испив из источника, превращается в косулю.

Дважды повторенное в конце стихотворения *umfängt*, обнимает (обладающее также более широкими значениями: окружает, охватывает) объединяет два мира, мир ушедших и мир очнувшегося, или, если угодно, сказочный мир «синевы одушевлённой ночи» и мир реальный, тот, что катится к увяданию человеческого рода и к неминуемой гибели.

Довольно сильные затруднения вызывает название, причём оба слова, *Gesang* это не песня, и даже не Песнь (хотя иногда можно пойти и на этот вариант), это «пение» или «напев», причём мистически окрашенное, поэтому иногда и «псалом». Слово, которым пользовались Хёльдерлин и Рильке, подчёркнуто ещё и принадлежностью: *der Abgeschiedene* вмещает в себя два основных значения: 1) ушедший (в мир иной), как раньше говорили, отошедший, и 2) отрешённый, не от мира сего, стоящий вне по отношению к здешней реальности. Всё вместе даёт возможность сказать «Голос Отрешённого»; для чего он отделяется от просто «умершего», *der Gestorbene* (ср. стих. «Рано умершему»)? Может быть, для того, чтобы сказать: этот умерший не такой умерший, его голос-пение можно услышать, разумеется, в изменённом состоянии сознания.

ХАЙНРИХ, КАРЛ БОРРОМЕУС (*Heinrich, Karl Borromaeus*, 1884–1938) см. Примеч. к стихотворению *Untergang*.

ВИДЕНИЕ И ПОМРАЧЕНИЕ НОЧИ

ВИДЕНИЕ И ПОМРАЧЕНИЕ НОЧИ

TRAUM UND UMNACHTUNG

Вечером стариком стал отец; в тёмных комнатах окаменел материнский лик и на ребёнка бременем легло проклятие выродившегося рода. Иногда вспоминал он своё детство, наполненное болезнью, ужасом и мраком, скрытными играми в звёздном саду, или как он крыс кормил на брезжущем вечернем дворе. Из синего зеркала выходила тонкая фигура сестры и как мёртвый бросался во тьму он. Ночью подобно красному плоду ломался его рот и звёзды блестели над его безмолвной скорбью. Видениями его полнился древний дом предков. Вечерами любил он гулять по ветхому кладбищу, или смотреть в брезжущем морге на трупы, эти зелёные пятна гниения на их красивых руках. У монастырских врат просил он кусочек хлеба; тень вороного налетела из тьмы и напугала его. Когда он в своей холодной постели лежал, неизреченные слёзы заливали его лицо. Но не было никого, кто бы положил ладонь на его лоб. Когда наставала осень, он шёл, ясновидец, по бурому лугу. О часы дикого восторга, закаты на зелёной реке, шум охот. О душа, певшая тихо песню пожелтевшего тростника; огненная кротость. Молча и долго смотрел он в звездистые глаза жабы, ощупывал трепещущими руками прохладу древнего камня и декламировал честное сказание синего источника. О, серебристые рыбы и плоды, падавшие с корявых деревьев. Аккорды его шагов наполняли его гордостью и презрением к людям. По дороге домой встретился ему необитаемый замок. Разрушенные божества стояли в саду на закате, далеко ушедшие в мысли свои. Ему однако казалось: здесь я жил, но забыл эти годы. Органный хорал наполнил его Божьим страхом. Но в тёмной пещере проводил он свои дни, лгал и крал и бежал, пламенеющий волк, белого лика матери. О, тот час, когда, каменея устами, в звёздном саду он упал, и тень убийцы нависла над ним. С багряными звёздами попал он в болото и Божий гнев хлестал его стальные плечи; о, берёзы в ненастье, тёмные звери, избегавшие его ночных помрачённых троп. Ненависть жгла его сердце, сладострастие, когда он в зелени летнего сада силой взял молчащее дитя, узнав в лучащемся свой ночной помрачённый лик. Горе, когда вечером у окна, из багряных цветов страшный скелет вышел, смерть. О, вы башни и колокола; и тени ночи, каменея, упали на него.

Никто не любил его. Голова его горела ложью и блудом в брезжущих комнатах. Синий шорох женского платья заставлял его застывать столбом, ночная фигура матери стояла в дверях. К изголовью ползла тень Зла. О, вы ночи и звёзды. Вечером взобрался он с калекой на гору; на ледяной вершине лежал розовый блеск заката, и его сердце тихо звенело в брезжущем свете. Тяжело свесились бурные ели над ним, и красный охотник вышел из леса. Когда сделалась ночь, разбилось хрустально сердце его и мрак настиг его лоб. Под холодными дубами задушил он дикую кошку ледяными руками. Плача явилась одесную фигура белого ангела, и во тьме выросла тень калеки. Но он поднял камень и бросил в него, так что взвыв тот бежал, и, вздох испустив, нежный ангела лик в тени дерева счах. Долго лежал он на каменистом поле, с удивлением глядя на золотой шатёр звёзд. Гонимый летучими мышами, бросился вперёд, во тьму. Бездыханным взошёл в разрушенный дом. Пил во дворе, дикий зверь, синюю воду колодца, пока не замёрз. От жара дрожа сидел на лестнице ледяной, в безумии Бога хуля и требуя смерти. О седой лик ужаса, когда он поднял округлившиеся глаза над разрезанным горлом горлицы. Бросившись с чужой лестницы, столкнулся он с юной еврейкой и вцепился ей в чёрные волосы и завладел её ртом. Враждебное шло за ним по мрачным улицам и слух разрывало дребезжанье железа. Мимо осенних стен шёл он, мальчик-причётник, священника страшно боясь, что молчал; меж иссохших деревьев вдыхал он пьянея багрец честно́го одеяния. О, ущербный диск солнца. Сладкие мучения терзали его плоть. В опустевшем крытом проходе явился ему окоченевший от нечистот его образ в крови. Глубже ещё полюбил он творения в камне; башню, с адской гримасой штурмующую ночью синее звёздное небо; холодную могилу, хранящую горячее сердце человека. Горе несказанной вине, возглашаемой сердцем. Но когда о Пылающем помня шёл он вниз вдоль осенней реки под деревьями лысыми, явился ему огненный демон, власяницей накрытый, сестра. И очнулись когда они, гасли звёзды у них в изголовье.

О проклятие рода. Когда в поруганных комнатах исполняется чья-то судьба, в дом шагами истлевшими входит смерть. О, весна бы только пришла и на древе цветущем пела б милая птица. Но иссохлая под окнами вечеряющих травка редка, и сердца обливаются кровью, поминая одно только лихо. О, брезжущие весенние тропы погружённого в память! и тем праведней радует его цветущая изгородь, ранний сев селянина и поющая птица, Бога нежная тварь; вечерний звон и опрятная простота человека. Ах, забыть бы ему ещё злую судьбу и колючее жало. Вольно зеленеет ручей, серебристо ступает нога в него, и неумолчное дерево шелестит над ночной помрачённой главой. И, гляди, он тщедушной рукой поднимает змею, огненными слезами изливается сердце. Возвышенно молчание леса, зелень тьмы и болотные твари, вспархивающие, когда сделалась ночь. О тот трепет, когда всякий, зная вину свою, терновыми тропами ходит. И в терновом кусте он, гляди, видит белое детское тело, кровью взыскующего одежд своего Жениха. Он однако молча стоял перед ней, страдая, зарываясь в стальные власы свои. О лучистые ангелы, ветер ночной и багряный развеял вас. Обитал он ночами в хрустальной пещере и проказа росла серебристо на лбу его. Тенью шёл по окольным тропам под осенними звёздами. Выпал снег, синий мрак дом наполнил. Хриплый голос отца, голос слепого заклинал этот ужас. Горе жёнам, согбенно явившимся. В окоченевших руках гнили плоды и ломалась утварь у человечества, в ужасе. Волк задрал первенца и сёстры сбежали в тёмные сады к костлявым старцам. Помрачённый пророк пел у разрушенных стен, Божий ветер его голос глотал. О сладострастие смерти. О вы, дети тёмного рода. Серебристо светятся крови злые цветы на виске его, холодна луна в его вдребезги битых глазах. Горе вечеряющим; горе про́клятым. Глубок сон в тёмных зельях, полных звёзд, белым ликом матери, окаменевшим. Смерть горька, как снедь обременённых виной; в бурых ветках ствола, в древе рода, ухмыляясь распались земные лица. Но тихо пел тот в зелёной тени бузины, как очнулся от злого видения; милый товарищ по играм, приближался к нему розовый ангел, дабы он, нежный зверь, к ночи в дрёму свалился; и узрел звёздный лик чистоты. Золотисто упали подсолнухи на садовый забор, когда сделалось лето. О, усердие пчёл и зелёные листья ореха. Серебристо и мак расцвёл, в зелёной коробочке ночные видения звёздные наши храня. О, как тих был дом, когда отец во тьму ушёл. На дереве плод зрел багряно, и садовник шершавыми двигал руками; о власяные знаки на лучащемся солнце. Смертный час однако тихой тенью вошёл на закате в круг скорбящих родных и хрустально звенел его шаг по зелёной опушке лесной. Молча сели они за стол; восковыми пальцами умирающие преломили хлеб, кровь текла из него. Горе окаменевшим глазам сестры, когда в трапезы час её безумие просту-пило на ночном лбу брата, и камнем стал хлеб в болезненных дланях матери. О горе истлевшим, тем, кто ад серебряными языками скрыл. И погасли лампы, гляди, в прохладных покоях, и из масок багряных молча в страдании люди глядели. Всю ночь шумел дождь, ублажая поля. В терновой чащобе следовал Тёмный пожелтевшими тропами во ржи, за песней жаворонка, к нежной тишине зелёных ветвей, да найдёт он покой. О деревни и ступени, обросшие мхом, пылающий взгляд. Но костляво-шатучи шаги над спящими змеями на опушке, и мгновенно бросается слух на буйный крик коршуна. Каменную пустошь нашёл он под вечер, провожая покойника в тёмный отцовский дом. Багряное облако обволокло его голову, так что молча накинулся он на свою же кровь и образ, лунный лик; каменея упал в пустоту, и когда в разбитом зеркале умирающим мальчиком возникла сестра, ночь поглотила их про́клятый род .

(49) Некоторые исследователи считают это прозой. Но мне представляется, что это стихотворение в прозе и что поэтому надо включать его в собрание стихотворений. Действительно, без него представление о поэтике Тракля было бы неполным. Скажем: последнее предложение решительно доказывает, что догадка о перверсии с мерцающим полом была верной. Но помимо этого, в неразбитых на строки стихах мы видим сгущение «бреда» (назовём так изменённое сознание, в котором рождаются красочные фантасмагории). Не менее важно, что этим стихотворением заканчивается сборник, а стало быть, последняя высказанная мысль превращается в концепт.

СТИХОТВОРЕНИЯ, ОПУБЛИКОВАННЫЕ В ЖУРНАЛЕ «БРЕННЕР»

1914–1915

VERÖFFENTLICHUNGEN IM BRENNER

1914–1915

В ХЕЛЬБРУННЕ

IN HELLBRUNN

Снова идти за синей жалобой вечера
Мимо холмов, мимо весеннего пруда —
Как будто витают над ним тени давно умерших,
Князей церкви тени, царственных женщин —
Уже цветут их цветы, важные фиалки
На самом дне вечера, шумит синего источника
Хрустальная струя. Столь отрешённо зеленеют
Дубы над забытыми тропами умерших,
Золотится облако над прудом.

СЕРДЦЕ

DAS HERZ

Дикое сердце белым стало у леса;
О тёмный страх
Смерти, вот и умерло
В сером облаке золото.
Ноябрьский вечер.
У лысых ворот живодёрни
Бедных женщин толпа;
И каждой в корзину —
Гнилое мясо и требуха;
Чёртова снедь!
Синяя голубка вечера
Не принесла примирения.
Тёмный зов труб
Пронзил листву вязов,
Влажную и золотую,
Разорванное знамя,
Дымящееся кровью,
Чтобы в дикой тяжелой печали
Прислушался человек.
О! вы, железные времена,
Погребённые там, в красном заката.
Из тёмной передней вышла
Золотая фигура
Девушки,
Окружённая бледными лунами,
Царской осенней свитой,
Сломанными в ночной буре
Чёрными елями,
Неприступная крепость.
О сердце,
Блестяще текущее в снега смертельный холод.

СОН
(2-я редакция) («Чёртовы тёмные зелья...»)

DER SCHLAF
(2. Fassung) (Verflucht ihr dunklen Gifte...)

Чёртовы тёмные зелья,
Белый сон!
Диковинный сад
Брезжущих деревьев,
Наполненный змеями, ночными мотыльками,
Пауками, летучими мышами.
Странник! Твоя потерянная тень
В красном заката,
Мрачный корсар
В солёном море скорби.
Вспорхнули белые птицы на опушке ночи
Над обрушившимися городами
Из стали.

ГРОЗА

DAS GEWITTER

Вы дикие горы, орлов
Высокая скорбь.
Золотые облака
Дымятся над каменной пустошью.
Терпеливое молчание выдыхают сосны,
Чёрные агнцы у бездны,
Где странно вдруг
Замолкает синева,
Нежное гудение шмелей.
О зелёный цветок —
О молчание.

Видениями тёмные духи горного
Ручья потрясают сердце,
Мрак,
Что обрушивается над ущельями!
Белые голоса,
Блуждающие по зловещим атриумам,
Расколотые террасы,
Отцов жуткая злоба, плач
Матерей,
Мальчика золотой воинственный клич
И Нерождённого
Охи из глаз слепых.

О боль, ты полыхающее созерцание
Великой души!
Вот в чёрной толчее дёргает
Конь и карета врезается
Молнии дрогнувшей розой
В стонущую пихту.
Магнетическая прохлада
Обволакивает гордую голову,
Пылающая тяжесть печали
Разгневанного бога.

Страх, ядовитый змей,
Чёрный, умри в этом камне!
Катятся слёз
Дикие токи,
Бури-милосердия,
Угрожающий грохот,
Громким отзвуком снежные вершины вокруг.
Пожар
Очищает светом разодранную ночь.

ВЕЧЕР

DER ABEND

Очертаниями погибших героев
Наполняешь ты, Луна,
Молчащие леса.
Лунный серп —
Нежными объятиями
Любящих
Трухлявые скалы вокруг,
Тенью славных эпох;
Так сияющей синевой
Пронизан город,
Где холодно и зло
Разлагается род человеческий,
Уготавливая белым внукам
Тёмное будущее.
Поглощённые Луной тени
Вздыхают в безвоздушном хрустале
Горного озера.

НОЧЬ

DIE NACHT

Тебя воспеваю я, дикий разлом
Во вздыбленных
Ночной бурей горах;
Вас, серые башни,
Переполненные адскими рожами,
Горящими тварями,
Грубым папоротником, пихтами,
Хрустальными цветами.
Бесконечную муку,
Дабы ты Бога настиг,
Мягкотелый Дух,
Стонущий в водопаде,
В гнущихся соснах.

Золотом пылают костры
Народов вокруг.
Над чернеющими скалами
Несётся пьяная в смерть
Воспылавшая страстью Невеста ветра,
Синяя лавина
Ледниковой вершины,
И гремит
Оглушительно колокол в долине:
Пламя, проклятья
И тёмные
Игры похоти сладкой,
Штурмует небо
Окаменевшая голова.

ТЯЖЁЛАЯ СКОРБЬ

DIE SCHWERMUT

Могуч ты, темноречивый рот
Внутри осенних облаков
Сложившись в рисунок
Золотого молчания вечера;
Зеленовато брезжущий горный поток
В царстве теней
Сломанных сосен;
Деревня,
Кротко умирающая в бурых разводах.

И носятся чёрные кони
По туманному пастбищу.
Эй, солдаты!
С холма, откуда катится умирающее солнце,
Срывается кровь гогоча —
Но под дубами
Безмолвие! О тяжёлая скорбь
Разгневанного войска; блестящая каска
Со звоном скатилась с багряного лба.

Прохладу приносит осенняя ночь,
В блистании звёзд
Над разбитыми останками
Монахиня тихая.

ВОЗВРАЩЕНИЕ
(окончательная редакция)

DIE HEIMKEHR
(Endfassung)

Прохладу тёмных лет,
Боль и надежду
Хранит циклопический камень,
Безлюдные горы,
Осени золотая пустошь,
Вечерние облака —
Чистота!

Смотрит из синих глаз
Хрустальное детство;
Под тёмными пихтами
Любовь, Надежда,
Так что с огненных век
Капает в стылую траву роса —
Неудержимо!

О! Там золотые мостки,
Ломающиеся в снегу
Бездны!
Синяя прохлада
Овевает ночную долину,
Веру, Надежду!
Мир тебе, одинокое кладбище!

ЖАЛОБА
(*«Мальчик, золотистый взгляд твой»*)

KLAGE
(*«Jüngling aus kristallnem Munde»*)

Мальчик, золотистый взгляд твой
С уст хрустальных пал на дол;
Красно лес волной пошёл,
Призрак, в чёрный час закатный.
Ран глубоких поздней жатвой!

Ужас! Ложе обветшалых
Жалоб, из деревьев Год
Зрит, из трав, зверья, и вот
Кончен, гол; пастух усталых
Ждёт коров, от страха шалых.

О сестра, ты бровью синей
Тихо в ночь меня зовёшь.
Вздох органа, смех и дрожь
Ада, жутко сердцу в стыни;
Ангелов бы, звёзд в пустыне.

Мать над люлькой в страхе диком;
Красно в шахте взвыла медь.
В похоть, в слёзы, в боль — неметь.
Бой Титанов, тёмных ликом.
Скорбь! Орлы с их плачем-криком.

ОТДАТЬСЯ НОЧИ
(5-я редакция, «Спрячь во тьме своей, монашка!..»)

NACHTERGEBUNG
(5. Fassung, Mönchin! schließ mich in dein Dunkel…)

Спрячь во тьме своей, монашка!
Синих стылых гор копна!
Каплет кровь, роса темна;
Крест — сквозь звезд — отвесный, тяжкий!

Лжив багряный рот в передней
Ветхой комнаты пустой;
Смех играет золотой,
Колокола звон последний.

Лунный облак! ночью чёрной
Паданца подгнивший лоб.
Мир, пространство — тесный гроб,
Жизнь — видений морок вздорный.

НА ВОСТОЧНОМ ФРОНТЕ

IM OSTEN

Хищным орга́нам зимней бури
Подобна армии мрачная ярость,
Багряный вал битвы,
Сбросивших листья звёзд.

Бровью разбитой, серебристо руками
Зовёт к себе гибнущих Ночь.
Под сенью осеннего ясеня
Стенают тени убитых.

В колючих зарослях город.
Согнала с кровавых ступеней Луна
Обезумевших женщин.
Бросились хищные волки в ворота.

ЖАЛОБА
(«Сон и Смерть, угрюмые орлы»)

KLAGE

(«Schlaf und Tod, die düstern Adler»)

Сон и Смерть, угрюмые орлы
Шумят всю ночь вкруг головы этой:
Дабы человек, облик его золотой
В ледяной волне сгинул
Вечности. Бьётся в зловещие рифы
Багряное тело,
И тёмный голос рыдает
Над морем.
Сестра неистовой скорби,
Смотри, как тонет смятенный чёлн
Под звёздами,
Молчащим ликом Ночи.

ГРОДЕК
(2-я редакция; 1-я редакция не найдена)

GRODEK

(2. Fassung Erstfassung unbekannt.)

Под вечер стенают осенние чащи
Смертоносным оружием, золотые равнины
И синие озёра, по которым Солнце
Угрюмее катится; обнимает Ночь
Павших воинов, дикий плач
Их истерзанных ртов.
Но тихо копится в зарослях ивы
Красное облако, где разгневанный Бог обретается,
Пролитая кровь, лунная стынь;
Все дороги, припадая устами, впадают в чёрную гниль.
Под золотыми ветвями ночи и звёзд
Тенью колеблемой ходит сестра сквозь молчание рощи,
Призраки павших целуя, героев кровоточащие головы;
И тихо поют в тростнике тёмные флейты осени.
О, больше гордости в скорби! Вы, медные алтари,
Жаркое пламя духа питается ныне могучей болью,
Нерождённым потомством.

ОТКРОВЕНИЕ И ГИБЕЛЬ

OFFENBARUNG UND UNTERGANG

Странными могут быть ночные пути человека. Когда я лунатиком мимо окаменевших комнат шёл и в каждой горела тихая лампадка, медный светильник, и когда я дрожа от холода опустился на ложе, опять подошла к изголовью чёрная тень странницы и молча я спрятал лицо в медленных дланях, а у окна сине расцвёл гиацинт и на багряных губах отрешающегося проступила древняя молитва, с век упали хрустальные слёзы, оплакивающие горький наш мир. В этот час был я белым сыном в смерти отца. Синей дрожью повеял с холма ночной ветер, тёмный плач матери, вновь умерев, и я видел чёрный ад в моём сердце; минута сияющей тишины. Тихо выступил из белённой известью стены несказанный лик — умирающий мальчик — красота возвращающегося домой рода. Лунно-бело обнял холод камня бессонный висок, отзвучали шаги теней по прогнившим ступеням, розовый в палисаднике хоровод.

Молча сидел в опустевшем трактире под закопчёнными балками, один за вином; лучащийся труп склонился над Тёмным и к моим ногам мёртвый лёг агнец. Из разлагающейся синевы вышла бледная фигура сестры и так говорил её рот: Вонзайся, чёрный шип. *Ах, как всё ещё поют от бурных гроз серебристые руки мои. Лейся, кровь с лунных ног моих, расцветай на тропах ночных, где крыса, их перебегая, пищит. И вы, звёзды, мерцайте в сводах бровей моих; и пусть тихо сердце в ночи звенит.* Красная тень с огненным мечом в дом ворвалась и бежала, со снежным лбом. О горькая смерть. И глас из меня был: *Своему вороному свернул я в ночном лесу шею, когда из багряных глаз его забило безумие; тени вязов пали на меня, синий смех источника, и чёрная прохлада ночи, когда я дикий охотник загнал снежного зверя; в окаменевшем аду замер мой лик.* И мерцая упала капля крови в вино Одинокого; и когда я испил его, был он горше, чем мак; и чернеющее облако обволокло мою голову, хрустальные слёзы про́клятых ангелов; и тихо бежала кровь из серебряной раны сестры и пал на меня огненный дождь.

Я хочу, чтоб Молчащее шло краем леса, и солнце из безмолвных ладоней падало власяницей; Странник на закатном холме, поднимающий в плаче веки над каменеющим городом; дикий зверь, мирно стоящий под старой ушедшей в покой бузиной; о, вслушивается в тревоге брезжущая голова, или это медлящие шаги за синим следуют облаком у холма, позже — за созвездьями строгими. В сторону тихо зелёный посев отступил, Косуля на тропах замшелых лесных сопровождает идущего. Избы селян молча закрылись и страхом исходит в тиши чёрного ветра синий источника дикого плач. Но только сошёл со скалистой тропы, безумие охватило меня и громко кричал я в ночи; и когда с серебристыми пальцами я согнулся над молчащей водой, увидел, мой облик покинул меня, и белый голос ко мне говорил: Убей себя! Стеная воздвиглась во мне тень мальчика и заглянула в меня из хрустальных сияющих глаз, так что с плачем упал под деревьями я, под звёздным могучим сводом.

Тревожное странствие по диким камням вдалеке вечереющих сёл, тянущихся к дому поближе стад; вдалеке заходящее солнце пасётся на хрустальном лугу, поразительно пение его, крик одинокой птицы, умирающей в синем покое. Но тихо пришла ты в ночи, когда без сна я лежал на холме, или буйствовал в весенней грозе; и всё чернее облекает тяжёлая скорбь отрешённую голову, ужасают знобящие молнии ночную душу, разрывают руки твои бездыханную грудь мне.

Когда я в сумерках по саду шёл, и чёрные очертания Зла отступали передо мной, гиацинтовая тишина ночи обняла меня; и я плыл на изогнутой лодке по спокойному пруду и сладкий покой касался окаменевшего лба моего. Безмолвно лежал я под старыми ивами и было высоким синее небо, полное звёзд, надо мной; и когда в созерцании замер я, умерли и страх во мне и глубочайшая боль; и воздвиглась мальчика синяя тень, сияя во тьме, нежное пение; воспарил на лунных крыльях над зеленеющими кронами, над хрустальными утёсами белый лик сестры.

Серебристыми ступал я подошвами, по терновым ступеням спускаясь, и зашёл в белённую известью комнату. Тихо горела лампадка и зарылся я молча главой в багряные простыни; и выкинула земля детский труп, лунный призрак, что медленно вышел из тени моей, обвалилась каменная плита с разломанными руками, пушистый снег.

ДРУГИЕ ПРИЖИЗНЕННЫЕ ПУБЛИКАЦИИ

SONSTIGE VERÖFFENTLICHUNGEN ZU LEBZEITEN

ВЕСЕННЯЯ ПЕСНЬ

DAS MORGENLIED

Сойди же с небес, титанический юноша,
И ту разбуди, что дремлет, многолюбима!
Сойди, увенчай
Голову сонную нежных цветов венком.
И небо нехраброе жги пылающим факелом,
Дабы в танце запели поблекшие звёзды,
А покровы бурные ночи
Вспыхнули и пропали,
Сгинет тогда циклопических туч гряда,
В них же с воем зима побежит с Земли,
Ей грозя ледяным, всё сминающим ливнем, —
И небесные дали откроются в сияющей чистоте.
И спускайся затем, богоравный, в локонах,
Вниз, на Землю, да примет в священном молчании
Пламя страсти твоё, и в глубоком трепете
От бушующих бурно объятий
Отворит тебе лоно святое.
Всё томится, хмельная, сладким предчувствием,
Что, пылающий бурным цветеньем, растущую жизнь
В ней разбудишь, жизнь, чьё высокое прошлое
В высочайшем раскроется будущем,
Жизнь, тебе равную, как равен себе и ты сам,
Отдаваясь лишь воле своей, и в движенье всегда,
Дабы в ней её вечное Тайное
Обновлялось и впредь в благородной своей красоте.

ЛУНАТИК

TRAUMWANDLER

Где ты, что рядом шла со мной,
Где ты, где твой небесный лик?
Но ветер в крик злорадно: Вот дурак!
Зри сон! Зри мрак! Дурак!
Но как же так! Что было там,
Когда я в ночь, где нет тебя, шагнул?
Ты шут! Дурак! Ты разве помнишь что?
И эхом ветер, крик души:
Ты шут! Дурак!
С улыбкой грустной разве здесь
Она не воздевала рук,
И в ночь, где нет тебя, был крик!
Но что за крик? Эх, вспоминай.
Любовный стон? Но эха нет,
Чтоб к ней вело, как слова звук.
Любовь? Увы, не помню, нет!
Лишь я и ночь, где нет тебя,
И эхом ветер, крик души!
Злорадный рык: Ты шут! Дурак!

ТРИ ПРУДА В ХЕЛЬБРУННЕ
(2-я редакция)

DIE DREI TEICHE VON HELLBRUNN
(2. Fassung)

ПЕРВЫЙ

DER ERSTE

Вкруг цветов, их качая, ватаги мух,
Бледных вкруг, на затхлой воде цветной,
Уходи! Уходи! Горит воздух, сух!
И пылает в глубинах гниенья зной!
Ива плачет; морок, молчанье для,
На поверхности мги духотою слаб.
Уходи! Уходи! Это место для
Гнусной похоти чёрных жаб.

ВТОРОЙ

DER ZWEITE

Люди, цветы, облака — отраженья,
Пой, мир, от счастья, вей!
В светлой улыбке Невинности пенье —
Небом становится всё, что по ней!
Тёмное, радостно в светлом пребуди,
Дальнее в близком! Ты — Радость, так пой!
Солнце, цветы, облака, и люди
Божий в тебе вдыхают покой!

ТРЕТИЙ

DER DRITTE

Вода блестит зелёным в синь
И кипарисы дышат мерно,

Вечерний звон, глубокий Динь! —
И глубь растёт безмерно.
Встаёт луна, ночь синевой
Цветёт, и отраженья новью —
Сфинкс, лик загадочный, живой,
Там сердцу и истечь бы кровью.

ТРИ ПРУДА В ХЕЛЬБРУННЕ
(3-я редакция)

DIE DREI TEICHE IN HELLBRUNN
(3. Fassung)

Вдоль стен чернеющего дивно
Заката, серебро кифара
Орфея в тёмный пруд кошмара
Стекает но весенне жгли в ней
С ветвей ночного ветра ливни
По капле серебро кифара
Орфея в тёмный пруд кошмара
В сон стен зазеленевших дивно.

Холм и замок в свете дальном.
Пенье женщин, ушедших сто лет тому,
Ткётся по нежному и темноцветному
Нимф в белом облаке-блике зеркальном.
Плачутся их преходящие участи
В зелени плавится день нестерпимей
Шепчутся средь камышей их могущести
И улетают — и дрозд шутит с ними.

Вода блестит зелёным в синь
И кипарисы дышат мерно,
Тяжёлая печаль безмерно
Течёт над ним в заката синь.
Тритоны всплывшие в воде,
Сочится гниль в стене точёной
И Месяц кутаясь в зелёный
Скользит лениво по воде.

КЛАДБИЩЕ СВЯТОГО ПЕТРА

ST.-PETERS-FRIEDHOF

На фоне одиноких скал
Так бледны мальвы смерти, сильно
Дрожа во мгле плиты могильной —
Но тускл печали сей накал.

Улыбкой неба день погас
В саду сокрытых сновидений,
Паломники своих ждут бдений.
Где всякий крест не спит как раз.

И церковь вознеслась мольбой
Пред Вечной Милости иконой,
В аркадах длясь свечой бессонной,
Боясь за душ несчастных строй —

Пока деревья в ночь веков
Цветут, лик смерти обернувши
Сияньем красоты, где глубже
И ярче сон покойников.

КАК-ТО В ВЕСЕННИЙ ВЕЧЕР

EIN FRÜHLINGSABEND

Март; куст в личинках; фён порывист, груб.
Пёс бешеный в полях и звон в селе,
В разводах бурых; пусто на земле;
И чёрной болью скрючен лысый дуб.

Под крышей тень, кровоточит маис:
Голодных воробьёв сладимый хлеб.
Зверь в жёлтом тростнике пуглив и слеп.
Бело и тихо; стой; вода струись.

Ореховое дерево мазком.
Крестьянским играм детским рад мой друг.
Дома и чувства, всё ветшает вдруг.
Черно и низко: тучи сжались в ком.

В СТАРОМ САДУ

IN EINEM ALTEN GARTEN

Дух резеды в зелёной умбре вод,
На пруд нисходит трепетно мерцанье,
Там встали ивы в белом одеянье,
Рой мотыльков с исподу в нём живёт.

Терраса будто солнцем облилась,
Зеркалят золотые рыбки, спинки,
За холм уплыли тучи без запинки.
И странники ушли не торопясь.

Листва блестит светло, и юных дам,
Гулявших здесь с утра, смешки и шутки
Остались в ней, а в тёмном промежутке
Чад золотой: танцует пьяный фавн.

[ВЕЧЕРНИЙ ХОРОВОД]
(1-я редакция)

[ABENDLICHER REIGEN]
(1. Fassung)

Астры в поле, смуглы, сини:
У гробниц играют дети,
Чаек мнёт крылатый ветер
Серебристо-серых, в иней.

Чудно жизнь в вине живёт.
Громче скрипка, зов природы,
Похоть! Буйны хороводы,
Входит Ночь, и всюду лёд.

Смейся, Грэт, смуглянка, пой,
Море шумно бьётся в сердце,
Отцвела, и не согреться,
Роза пала предо мной.

ВЕЧЕРНИЙ ХОРОВОД
(2-я редакция)

ABENDLICHER REIGEN
(2. Fassung)

Астры в поле, смуглы, сини:
У гробниц играют дети,
Резво чаек носит ветер,
Носит их вечерний ветер,
Серебристо-серых, в иней.
Громкий рог трубит в долине.

Голосом дурным поёт,
Громче скрипка, зов природы,
В окнах буйны хороводы,
Шумно водит хороводы
Одурманенный народ.
Входит Ночь, и всюду лёд.

Смех вспорхнул, упал, и вот
Струн бренчанье шуткой лютой,
У порога никнет рута,
Тихо и печально рута
В мир безмолвия идёт.
Дзинь да дзинь! Серп жнёт и жнёт.

Сновидений вечный свет
Юное взял тело в тленье,
Дзинь да дзинь! в тумане пенье,
Под скуленье скрипок, пенье,
И коленца гнёт скелет.
Долго месяц смотрит вслед.

[НОЧНАЯ ДУША]
(1-я редакция)

[NACHTSEELE]
(1. Fassung)

Снова тихо слушает плесневеющий лес
Лепет источника,
Плач, что хрустально во тьме уносится прочь.

Молча с чёрных чащоб синяя птица
Вниз по душе сошла,
Когда сделалась Ночь; по замшелым ступеням снежный источник.

Кровь, оружейная схватка забытых времён,
Шумит вода в сосняке.
Месяц без устали светит в ветхие комнаты,

Охмелевши от стужи, серебристая Маска
Склонилась над сном охотника,
Голова, и сказания покидают её.

О, хозяин её разожмёт тогда вялые горсти,
Дабы свет зачерпнуть,
Вздыхая в могучем мраке.

НОЧНАЯ ДУША
(2-я редакция)

NACHTSEELE
(2. Fassung)

Молча с чёрных чащоб синяя птица
Вниз по душе сошла,
Когда сделалась Ночь; по замшелым ступеням снежный источник.

Кровь, оружейная схватка забытых времён
Шумит вода в сосняке.
Месяц без устали светит в ветхие комнаты,

Охмелев от тёмных отрав, серебристая маска
Склонилась над дремлющим пастухом,
Голова, сказания покидают её.

О, разожмёт тут она холодные горсти
Под каменным сводом
Тихо золотое лето к ослеплённым поднимется окнам

Зазвучит в зелёном танцовщицы шаг
Пока ещё ночь,
Всё чаще в багряной тяжёлой печали кличет сыч Охмелевшего.

НОЧНАЯ ДУША
(3-я редакция)

NACHTSEELE
(3. Fassung)

Молча с чёрного леса синяя птица
Вниз по душе сошла,
Когда сделалась Ночь; по замшелым ступеням снежный источник.

Кровь, оружейная схватка ушедших времён
Шум в сосняке.
Месяц тихо в ветхие комнаты светит,

Охмелевши от тёмных отрав, серебристая маска
Склонилась над сном пастухов;
Голова, сказания покидают её.

О, разожмёт он тогда холодные горсти
Гниющие в багряном сне
Серебром распустятся на опушке

Цветы зимы, засияют во мраке дороги
В каменный город;
Всё чаще из чёрной тяжёлой печали кличет сыч Охмелевшего.

ДОПОЛНЕНИЯ

DER NACHLASS

СОСТАВЛЕННОЕ ГЕОРГОМ ТРАКЛЕМ СОБРАНИЕ СТИХОТВОРЕНИЙ,

НАПИСАННЫХ ДО 1909 ГОДА*

SAMMLUNG

1909

.

---

*   Не было опубликовано. Впоследствии Георг Тракль отказался от этой идеи. Что было к лучшему.

Стихотворения этого времени не комментируются. Можно разве что сказать, по этим опусам видно, как мучительно проходило созревание юного поэта

ТРИ СНА

DREI TRÄUME

I

Мне виделась, будто бы, даль, листопад,
И влага и лес, где упала мгла —
Печально звучали слова, но не в лад,
И суть до меня дойти не могла.

Мне виделся, будто бы, звездопад,
И молния глаз рыдала и жгла,
И тень от улыбки, всё так же не в лад —
И суть до меня дойти не могла.

И как листопад, и как звездопад,
Мне виделось, шёл я и кончился, мгла,
Видений один нескончаемый ад —
Чья суть до меня дойти не могла.

II

В тёмном зеркале души моей бродят
Морские фантазмы и образы: странных,
Плывущих в туманах причудливых дебрей,
В лазурь утекающих, в диких странах.

Душа породила в кровь пурпура небо,
Гигантскими звёздами солнц озарённо,
И странно сияют садовые кроны,
От похоти душной в испарине сонной.

И тёмный источник души, о бездонный!
Ткал образы жутких ночей, жгучей страсти,
Напевами движимый, мглой безымянной,
Дыханием вечной чарующей власти.

Душа содрогается памятью тёмной,
Как если б во всём себя вновь различала —
В бездонных морях и — ночами — огромной! —
В хоралах без дна, без конца и начала.

III

Я видел пожаром объятые грады,
И, зверство на зверстве, сменялись эпохи,
И в прах истлевали народы, и рады
Исчезнуть, казалось, они в этом вздохе.

Я видел, как боги под гнётом ночей
Священные арфы ломали, отчаясь,
И вновь восставали из слабых лучей,
Для нового дня с темнотой разлучаясь.

Для нового дня, чтобы вновь их постиг
Безумный накал их трагедий всё тех же,
И не постигая играли мы их,

И мука ночная, сводя нас с ума,
Улыбка Прекрасного, *Gloria*, нежа,
Наш космос терновый венчает сама.

О ДНЯХ ПОКОЯ

VON DEN STILLEN TAGEN

Так мертвенны дни осени усталой,
Как взгляд больных, свет ищущих, о где ты,
Но плач безмолвный глаз их — тенью шалой
Затмила ночь, и к ней глаза воздеты.

Ещё улыбка: что-то отмечали,
Дрожа губами, песню б вспомнить, точно
И слов нет, только стылый жест печали
И тает он в молчанье внеурочно.

Так солнце всё ещё цветы голубит,
Их в смертном холоде блаженства любит,
Дрожащих, ветерок шевелит слепо.

И шепчут красные леса, темнея,
И молоточки дятлов, смертно млея,
И глухо звук их отдают им склепы.

СУМЕРКИ

DÄMMERUNG

Измят, изъеден болью всякий раз,
Не музыка, а визг, и рвутся звенья.
Разбитой арфой, сердцем, ты погас,
Меланхолических цветов цветенье.

К тебе убийцу подославший, чтоб
Тебя последних искр души лишил,
Он развенчал богов, мир — тёмный гроб,
Гниющей шлюхой в бледной мгле могил.

Ещё взмывает танец в небосвод,
И хор теней, и мятый, рваный звук,
Венцом терновым Красоты, встаёт,

На победителе, но на дурном,
Как жалкий приз отчаянных потуг,
Но тщетных, помириться с божеством.

ОСЕНЬ
(1-я редакция стих. «Распад»)

HERBST
(1. Fassung von Verfall)

Чуть грянет «Мир вам...» в колокольном бое,
Как я хочу лететь вослед тем птицам,
Что любят пилигримами толпиться
И сгинуть вдруг в осеннем ясном зное.

В садах, закрытых на ночь, мнусь без толку,
Завидуя высокому уменью.
Залипла стрелка, час плыл мёртвой тенью.
И я витаю в облаках подолгу.

Но в дрожь бросает дух гниенья кроткий.
И птица плачется на ветке голой,
А красный виноград на рже решётки

Качнётся в смерть, и в хороводе с нею,
Как дети у колодца, никнут долу
Остатки астр, от холода синея.

УЖАС

DAS GRAUEN

Себя я видел в комнате пустой.
На синем фоне танец звёзд безумный.
Собаки выли в поле, в кронах шумно
И долго рылся хищный фён густой.

Вдруг тишина! и в жар, в озноб, и вновь
Во рту растут цветы, и сок их странный,
Росой стекая с веток, яд из раны,
Всё капает, и капает, как кровь.

Из зеркала, из пустоты обманной
Из мрака, медленно, из мглы туманной
Ужасный лик: о, Каин! Ты ко мне?

И слабый шорох шёлковой портьеры,
И месяц в окна, как в Ничто без меры:
Убийца мой со мной наедине!

БЛАГОГОВЕНИЕ

ANDACHT

Не растерял я, нет, благоговенье
Мальчишеское к звонам колокольным,
Как брезжут алтари, как в церкви пенье,
Как в небе — куполам синеть, в раздольном.

Вечерняя мелодия органа,
На площади темнеющие звоны,
И нежный, тихий, сладкий плеск фонтана,
Как неразборчив лепет детский сонный.

Я вижу, как я складываю руки,
Шепча молитвы, что давно забыты,
Глаза опущены, печалью скрыты.

И тут из хаоса фигур и муки
Лик женщины, приявши мрак страданья,
В меня вливает чашу содроганья.

ШАБАШ

SABBATH

Дыханье, жар и яд чумных растений,
Меня обвивших в тусклом лунном свете,
Внушают сонм видений, сонм соцветий, —
И шабаш ведьм и яркие их тени

Я вижу в зеркале. Как сок в давильне,
Из сердца выжимают пламя чувства,
Их губы, все постигшие искусства,
В моей гортани пьяной всё обильней.

Чума раскрасила цветы, из ада
Летят к моим губам их злые чаши,
Отвратно пенясь, в тошноте проворной.

И вдруг одна — неистовой менадой —
Мне сжала плоть, в чаду бледней и краше,
В восторге боли, в похоти тлетворной.

ПЕСНЬ К НОЧИ

GESANG ZUR NACHT

I
Колышемой созданы тенью,
Мы бродим, забытые, тень Никого,
Как призраки дуновенья,
Как жертвы, не зная, во имя чего.

Ничто нам не светит, как нищим,
На ворота разинувшим рот.
Слепые, мы слушая ищем,
Как в молчании шёпот умрёт.

Без цели мы странники: хуже,
Мы тучи, нас ветер прогнал.
Цветы коченеют в стуже,
И ждут косаря, чтоб их сжал.

II
Последней муке да свершиться в скором,
Вам, тёмным, Власти, не противлюсь вчуже,
Вы путь к великой тишине, которым
Мы прямиком шагаем в ночи стужи.

Дыханье ваше будит нетерпенье,
Терпи! Свет звёзд погас, не скажут имя
Нам царства те, куда ведёт виденье,
Где без видений зашагаем ими.

III
Ты, Ночь, темна, ты, сердце — мрак,
Хотел священные основы,
Но бездны Зла узрел больного?
От боли маска стынет так.

Об эту боль, о нашу страсть,
Что стынет каменной улыбкой,
Земное бьётся хрупко, зыбко,
Не знать себя нам, лишь пропасть.

Нас хохотом встречает Враг,
За что мы гибнем, если песни
Всё глуше, тише, неуместней,
И плачет в нас один лишь мрак.

IV

Ночь, ты пьянящее Вино!
Я в сладком танце боль цветенья,
Цветами смысл венчаю пенья,
Твой, глубочайший: решено!

Сжимаешь арфою, храня
Напевом в сердце, тёмно-млечным,
И боль снимаешь, сделав вечным,
Несуществующим меня.

V

О глубокий, о покой!
Колокол в молчанье тонет,
Мать страданий сладких, твой
Мир посмертный — скорби гонит.

Ты рукой прохладной, милой
Раны страшные закрой —
Душу кровью чтоб омыли
Мир страданий сладких — твой!

VI

Моё молчанье — песнь твоя!
Из сада жизни жалкий, странный,
Что лепет мой тебе, что я?
Во мне останься безымянной —

Без снов воздвигнувшись во мне,
Что колокол, где звук иссяк,
Невестой боли в сладком сне,
Так мне навеял пьяный мак.

VII

Слышал, гибнут на грядке цветы,
И колодца жалобу шалую,

Колокольную Песню, их рты,
Ночь шептала, и она вопрошала.
И сердце — о, ранено, ты
За грань бедных дней убежало.

VIII

Вдруг стёр меня безмолвный Мрак,
Я тенью стал и днём шёл прочь,
Из Дома Друга выйдя, шаг
Держал я в Ночь.

Молчанье в сердце теперь немом,
Не чующем нудного дня труда,
Тебе улыбаясь одним шипом,
Ночь — навсегда!

IX

О Ночь, врата страстей без слов,
О, обескровлена, в тьму ран смотри,
Склонясь пред чашей мук, замри!
О Ночь, о я готов!

О Ночь, ты Сад Забвения, Игра
Лучей, незримых миру, нищ я — чист,
Венок терновый сохнет, винный лист.
Приди, давно пора!

X

От смеха корчился демон мой,
В блестящих садах был я свет и глянец,
Игра мне пажом и слугой мне танец,
Вином любви я пьянел самой.

Рыдал и кручинился демон мой,
В садах скорбящих был свет я недугам,
Смиренье мне было поверенным другом,
Светившее в дом нищеты самой.

Ни в смех и ни в плач теперь демон мой,
Садов забвения тень я, пленный,
И мой провожатый всегда неизменный,
Молчание Полночи — полой — самой.

XI

И бедной, сражавшейся за тебя,
Улыбки тень пала, песнь погубя.
Но я хочу путь до конца пройти.

В собор свой впусти, как однажды юнца
Врата, о, глупца, с кротким взором лица,
С безмолвной молитвой в конце пути.

XII

Глубокая Полночь тебя обняла,
Ты мёртвый берег, молчит вода
Мертво так молчит вода: никогда!
Глубокая Полночь тебя обняла.

Глубокая Полночь тебя обняла,
Ты небо, ты был там звезды угольком,
И небо, где Бог наш иссох цветком.
Глубокая Полночь тебя обняла.

Глубокая Полночь тебя обняла,
Чтоб в чреве чудесном ты сладко спал,
Ты не был, не жил и не существовал!
Глубокая полночь тебя обняла.

ГЛУБИННАЯ ПЕСНЬ

DAS TIEFE LIED

Душа свободна от Ночи сна,
Бессмертием удивлена,
И Песне Вечности она
Превыше времени верна!
День, радость, ночь или вина:
Нет! Песня Вечности одна!
С тех пор, как ей душа полна,
Исчезли радость и вина!

БАЛЛАДА
(«Три знака Дурак чертил на песке…»)

BALLADE
(Ein Narre schrieb drei Zeichen in Sand,

Три знака Дурак чертил на песке,
И бледная Дева пред ним — в тоске.
И пенилось море и пело.

И кубок держала она в руке,
И блеск играл на его ободке,
Как алая кровь тяжелела.

Молчание — солнце зашло вдалеке,
Из рук её кубок Дурак взял, в руке
Его всё, что в нём, опустело.

И Свет тот погас у неё в руке,
И ветер три знака стёр на песке —
И пенилось море и пело.

БАЛЛАДА
(«Так плачет сердце...»)

BALLADE

(Es klagt ein Herz...)

Так плачет сердце. Хочет в крик,
Она не здесь, не здесь живёт,
Какой необычайный лик!
Так ночь рыдает у ворот.

И мраморный вдруг зал возник,
Дух спёртый свеч. Кто здесь умрёт!
И шёпот где: Приди на миг!
Так ночь рыдает у ворот.

И всхлип: когда б хоть свет на миг!
Но здесь и там всё тьма берёт —
И всхлип: и голос брата сник.
Так ночь рыдает у ворот.

БАЛЛАДА
(«Стояла ночь, о душный сад...»)

BALLADE
(Ein schwüler Garten stand die Nacht..

Стояла ночь, о душный сад.
Мы молчали, не в силах этот ужас сказать.
Потому очнулись сердца, и назад —
Под тяжёлым молчанием изнемогать.

И в ту ночь ни одна звезда не цвела.
И никто за нас никого не просил.
Только демон смеялся, стояла мгла.
Будьте прокляты все! Да, и каждый — был.

МЕЛЮЗИНА

MELUSINE

Под окнами ночь в плач летя —
Не ночь, а ветер, не шутя,
Потерянное, ветр, дитя —
Что заставляет выть тебя?
О жалко Мелюзину!

Огонь летит по волосам,
Как с плачем мимо туч огонь,
Когда в ночной молитве сам
Прошу, о бедную не тронь!
Как жалко Мелюзину!

РАСПАД

VERFALL

И ветер! и огней зелёных
Угасших пенье — стыл овал:
Луною полн высокий зал,
Конец торжеств в отживших звонах.

Улыбки предков еле в теле,
Последняя вдали их тень,
И от распада душен день,
И вороньё вокруг постели.

Невнятный смысл былых столетий,
Из каменных взирая масок,
В гримасах боли, бледных красок,
Безжизненных, уходит в нети.

Задумчивых садов нелепых
Упадочная нежность в тлен —
Что всхлипов, вечным эхом, плен,
Дрожащих на открытых склепах.

СТИХОТВОРЕНИЕ

GEDICHT

Песнь кротости ко мне пришла:
Простое сердце, кровь свята,
Сними с меня пыланье зла!
Услышана, не плачет та!

Греховность сердцу тяжела:
Пылает в зле, о простота,
И кровь свята не слышит зла,
И слёз в нём нет, лишь немота.

НОЧНАЯ ПЕСНЬ

NACHTLIED

Над ночным и тёмным током
Скорбные пою я песни,
Истекают песни кровью,
Есть ли сердце, что вернёт их
Мне сквозь мрак ночной.

Тёмные ночные токи
Шумно возвращают песни,
Истекающие кровью,
И рыдающие — сердцу,
Мне сквозь мрак ночной.

У ОКНА

AN EINEM FENSTER

Над крышами синеют небеса,
Там облака мимо проплывают,
На дереве перед окном весенняя роса,

И птица, опьянев, мелькнёт средь облаков,
И обречённый у цветенья аромат —
И сердце чувствует: Да, мир таков!

Растёт молчанье, полыханье дня!
Мой Бог, о как обилен этот мир!
Одни виденья, жизнь бежит меня,

Жизнь там, снаружи — где-то там, где ночь,
За Морем Одиночества, вдали!
И сердце понимает: радость прочь!

КРАСОЧНАЯ ОСЕНЬ

(1-я редакция ст. «Музыка в Мирабеле»)
2-я редакция см. в разделе 2.4 Другие редакции…
Окончательная ред. см. ст. «Музыка в Мирабеле» в «Стихотворения», 1913)

FARBIGER HERBST

(1. Fassung Musik in Mirabell)
2. Fassung zu Doppelfassungen
Endfassung «Стихотворения», 1913)

Фонтан поёт, и облака
В лазури ясной — белоснежны.
Притихшие, в руке — рука:
В саду вечернем, синем, нежном.

Седой кладбищенский гранит
И птичий клин хитросплетений.
И фавн мертво туда глядит,
Где в тьму переползают тени,

И — красно — с дерева, падуч,
Летуч, в окно вдруг лист влетает.
Огня в пространствах тёмный луч,
И тени — призраки — витают.

И над травой, словно мутный опал,
Дух увядания в бледных клубах тихомолком.
Серп месяца в фонтан попал,
В мёрзлом воздухе светит зелёным осколком.

ТРИ ПРУДА В ХЕЛЬБРУННЕ
(1-я редакция)

DIE DREI TEICHE IN HELLBRUNN
(1. Fassung)

ПЕРВЫЙ

DER ERSTE

Вкруг цветов, их качая, ватаги мух,
Бледных вкруг, на затхлой воде цветной,
Уходи! Уходи! Горит воздух, сух!
И пылает в глубинах гниенья зной!
Ива плачет; морок, молчанье для,
На поверхности мги духотою слаб.
Уходи! Уходи! Это место для
Гнусной похоти чёрных жаб.

ВТОРОЙ

DER ZWEITE

Люди, цветы, облака — отраженья,
Пой, мир, от счастья, вей!
В светлой улыбке Невинности пенье —
Небом становится всё, что по ней!
Тёмное, радостно в светлом пребуди,
Дальнее в близком! О радостней пой!
Солнце, цветы, облака, и люди
Вдыхают Божий покой!

ТРЕТИЙ

DER DRITTE

Вода блестит зелёным в синь
И кипарисы дышат мерно,

Вечерний звон, глубокий Динь! —
И глубина растёт безмерно.
Встаёт луна, ночь синевой
Цветёт, и отраженья новью —
Сфинкс, лик загадочный, живой,
Там сердцу и истечь бы кровью.

НА СМЕРТЬ СТАРУХИ

AUF DEN TOD EINER ALTEN FRAU

Я в ужасе и дверь боюсь открыть,
Войду, и будто кто-то сгинул весь,
Она не видит, или, может быть,
Меня и видит, но совсем не здесь.

Сидит и слушает, в себя уйдя,
Так далека всего, что ни возьмёшь,
Но куст зашелестит, и как дитя
Испуганное, в плач она и в дрожь.

И поправляет белых прядей шёлк,
И бледен взор: Уже идти? Пора?
И вдруг: Свеча погасла! — и не в толк:
Что это там? Куда ты со двора?

ЦЫГАНЕ

ZIGEUNER

Тоска пылает в их глазах ночных
По родине, что затерялась где-то,
Злосчастная судьба всё гонит их,
Лишь меланхолия постигнет это.

А облака плывут путём их бед,
Да птичий клин, бывает, до зари и
Их на закате уж простыл и след,
Лишь ветер *Ave* донесёт, *Maria*

К их табору, средь одиночеств звезд,
Но лишь тоскливее поют, а между —
Вдруг плачут; унаследованный крест
Горит и гаснет, как звезда надежды.

ТЕАТР ПРИРОДЫ

NATURTHEATER

Вхожу я в стройные ворота!
Людей, которых больше нет,
Шаг сбивчивый, и тихой нотой
Их слог — развеян, стёрся след.

И вот — перед зелёной сценой!
Начнись, начнись, игра опять
Невинных дней мечтой блаженной,
Прохладой призрачной блистать!

И вижу, как иду ребёнком
К мелодии прошедших дней,
И тихим плачем в горе тонком
Вдруг забываюсь всё сильней.

Ты обращаешь к закату лик удивленья,
Я ль это был тогда, отчего и сейчас я в слезах,
Как жест незаконченный твой, продолжая движенье,
Гласит: будет ночь, — безгласный, трепещущий страх.

ИЗНЕМОЖЕНИЕ

ERMATTEN

Гниение сновидческого рая,
Печальным духом сердце мне неволь,
Из милоты лишь тошноту впивая,
Кровоточа, вливаясь в эту боль.

Пусть бьётся в такт всем отзвучавшим танцам
Под музыку в отчаянную грусть,
Пока венцом надежд, звёзд оборванцем,
На алтарях увянет, ну и пусть!

От шелеста благоуханий винных
Гляди, тебе остался только стыд —
И в зеркалах — Вчера, а в буднях длинных
Тоска тебя на части раскрошит.

ОТЗВУЧАВШЕЕ

AUSKLANG

Последний бледный луч ушёл давно,
И отшумев, умчались страсти прочь,
Пролито — свято — радости вино,
И сердце плачет, вслушиваясь в ночь,

Торжеств недавних эхо всё темней,
Стихает, гаснет звук, совсем застыл,
Как листьев лёт осенних, слёт теней
Во мгле на плиты чьих уж там могил.

СОЗВУЧИЕ

EINKLANG

В прозрачном воздухе светло звучаньям,
Далёкая печаль сегодняшнего гласно
Неслыханным полна благоуханьем,
Заставив нас мечтать о трепете неясном.

Как память о собратьях дней старинных
И отзвук в ночь ушедших упоений,
Кружится листопад в садах пустынных,
Всех в солнце из безмолвных райских пений.

И в зеркале потоков просветлённых
Для нас вдруг время оживает странно,
Возносит к дальним небесам душ несклонённых
Страстей кровоточащих нежно раны.

И мы сквозь смерть пройдём в обличьях новых
К мученьям горшим, к негам полусонным,
Где — божества неведомого в ковах —
Нас, новых солнц, закончат ковку сонмы.

CRUCIFIXUS

CRUCIFIXUS

Коленопреклонённых нищих Бог,
Земных их мук яснейшее зерцало,
Оплёван, опозорен, наг, убог,
Позорной казни претерпевший жало.

Терзаньям плоти поклоняясь, в том
Желают двух смирений сочетанья,
И ночь и смерть в его глазах — тайком
В желание «не быть» несут созданья —

Чтобы открылись — немощь и немо́чь —
Ворота в Нищий Рай, столь настоящий,
В Тернистый Капитолий Смерть-и-Ночь,
Чтоб ангел бледный ликовал пропащий.

CONFITEOR

CONFITEOR

Жизнь нам рисует в красках дни, но так,
Что вижу их как в сумрак погружённых,
Теней смещённых холод, серость, мрак,
Едва рождённых, смертью побеждённых.

Упали маски, жизни мощный ток —
Лишь страх, отчаянье, позор, болезни,
Негероических трагедий рок,
Дурной спектакль, всё злей и бесполезней.

Меня тошнит, но призраки — толпой,
Но властный хочет смысл, чтоб дальше мука
Всё длилась: я, комедиант тупой,
Твержу свои слова, но в сердце — скука!

МОЛЧАНИЕ

SCHWEIGEN

Месяц над лесом сияет, белёс,
Нас погрузить в сновиденья охоч,
Ива у тёмного озера, слёз
Ток, но беззвучный куда-то в ночь.

Погасло сердце — и прочь
Туманы: теченье, качанье —
Молчанье, молчанье!

ПЕРЕД ВОСХОДОМ СОЛНЦА

VOR SONNENAUFGANG

Птиц голоса во тьме многоголосной,
Шумят деревья, родники смелеют,
И розовая теплится полоска
Любовной мукой в небе. Ночь синеет —

И брезжит, глаже став, нежнее; робко
Ладонь — о жар! — взрывает ложе страсти,
Звук поцелуев в сон полу-улыбкой,
Полудремотой превратив отчасти.

КРОВОСМЕШЕНИЕ

BLUTSCHULD

Ночь нашим поцелуям шлёт напасти.
Сипит: Так кто же снимет с вас вину?
И в ужасе и в трепете и в страсти,
Мария, молим мы тебя одну!

С цветов восходят жадно ароматы
И льстиво ластятся; признав вину,
Бледнеем, душит грех, да, виноваты,
Мария, молим мы тебя одну!

Но всё шумней сирен источник злейший,
И сфинкс темней, и не избыть вину,
Так что в грехе сердца взывают к ней же,
Мария, молим мы тебя одну!

ВСТРЕЧА

BEGEGNUNG

Идём на чужбину — взор не тая,
К другому усталые вопрошанья:
Что сделал ты! Где жизнь твоя?
Молчи! Молчи! Оставь стенанья!

И всё вкруг нас холоднее свет,
И тучи далече, и путь не короче.
И больше у нас вопрошаний нет,
Никто не пойдёт с нами дальше к ночи.

СВЕРШЕНИЕ

VOLLENDUNG

Мой брат, помедленней пойдём!
Темнеет медленней стократ.
Что там, не веянье ль знамён? —
Вдвоём с тобой побудем, брат.

И к небу взор, и в душе покой,
А прежде, что б ни молвил рок,
Готовы жертвовать собой,
Мой брат, смотри, как мир широк!

Там ветер носит облака,
Как и мы, откуда они, эти сны?
А мы с цветами побудем пока,
И тоже радостны, красивы и бедны!

МЕТАМОРФОЗА

METAMORPHOSE

О тускло-красный вечный свет,
В грехе так сердца красен цвет!
Привет тебе, Мария!

Твой бледный образ вдруг в цвету,
Не скроешь тела красоту,
Ты женщина, Мария!

Ах, в лоне сладкой муки час,
Улыбка, боль, огромность глаз,
Ты матерь, о Мария!

ШЕСТВИЕ ВЕЧЕРА

ABENDGANG

Вхожу в пылающий закат
Поющий ветр за мной как в бой:
Ты видимостью весь заклят,
Она сражается с тобой!

Возлюбленной умершей глас:
Как скудно сердце у шутов!
Что мрак души? он лишь на час!
Будь к боли, что придёт, готов!

СВЯТОЙ

DER HEILIGE

Когда в аду страстей собственноручных
Он истязаем образом распутства —
Чьё сердце больше похотью объято?
И Бог сильней бы мучал и калечил
Чьё сердце? — руки воздевает к небу
В моленье он о милости спасенья.
Но только эта пылкая молитва —
Из похоти неусмирённой, жара,
Текущего сквозь бесконечность тайны.
И не страшней Дионис Эвое
Кричит, чем брызгая слюной экстаза
Святой своё: Exaudi me, о Maria!

ПРОХОЖЕЙ

EINER VORÜBERGEHENDEN

Однажды я мимо неё проходил
И лик её был страдальчески мил,
Казался таинственно мне родной,
Своей глубиной,
Ниспосланный Богом, ушёл в мир иной.

Однажды я мимо неё проходил
И лик её был страдальчески мил,
Я был сам не свой,
Как будто узнал тот облик родной,
Который в мечтах звал любимой, родной,
В той жизни, ушедшей давно в мир иной.

МЁРТВАЯ ЦЕРКОВЬ

DIE TOTE KIRCHE

Они сидят на ска́мьях в тесноте
И подымают взор погасший вверх,
К кресту. И свечи, как завешены, мерцают,
И как завешена, глава в стигматах.
Из золочёного сосуда ладан
Вверх, выдох — умирающий псалом,
И так тревожно, непонятно, сладко,
Как в воздухе чумном, и слышен возглас
Священника, усталый дух пытает,
О жалкий лицедей, благочестивость
Худых молящих с чёрствыми сердцами,
В игре бездушной с хлебом и вином.
И колокол! и свечи всё мрачнее —
И как завешена, в стигматах голова!
Орган рокочет! в мёртвом сердце вздрогнет
Воспоминание! Кровавый лик
В тьму завернулся, и из множеств глаз
Отчаянье взирает в пустоту.
И глас один, как голос всех, рыдая,
Сквозь ужас, что перекрывает всё,
Смертельный: О, помилуй нас,
Господь!

СТИХОТВОРЕНИЯ

1909–1912

GEDICHTE

1909–1912

МЕЛЮЗИНА
(*«Но отчего же сна мне нет?..»*)

MELUSINE
(*Wovon bin ich nur aufgewacht?..*)

Но отчего же сна мне нет?
Дитя, летит с деревьев цвет.

Чей шёпот здесь, печальный сон?
Дитя, бог Весны, со всех сторон.

Глянь, бледно от слёз лицо Весны!
Дитя, слишком пышно цвели эти сны.

Уста его жгут! Мне не по себе.
Дитя, свою жизнь я целую в тебе!

Кто склонился и держит меня, что есть сил?
Дитя, я руки твои сложил.

Куда я? Где снов моих чудеса?
Дитя, мы идём теперь в небеса.

О радость, о радость! Улыбка, но тут
Глаза побелели, её ведут,

И свечи погасли, как всё кругом,
В глубокую Ночь погрузился дом.

НОЧЬ БЕДНЫХ

DIE NACHT DER ARMEN

О брезжит закат!
И глухо стучат,
Это ночь дверным молотком:
И дитя:
Мне ваш трепет знаком, —
Шепотком!
Но всё ниже мы, бедные,
Наклоняемся молча и, бледные,
Так молчим, будто больше нас нет в этом мире пустом!

НОЧНАЯ ПЕСНЬ

NACHTLIED

О, пронзи меня, Боль! Рана жжёт.
Мукой страшной я не оглушён.
И звездою из ран восстаёт
К ночи этой загадкой он.
О, пронзи, Смертный час! Я свершён.

DE PROFUNDIS
(«В мертвецкой ночь…»)

DE PROFUNDIS
(Die Totenkammer ist voll Nacht..)

В мертвецкой ночь вовсю царит,
И я не сплю, а отец мой спит.

Суровый лик, мертвец в ночи,
Бело мерцает в луче свечи.

Цветов аромат, и муха жужжит,
Бесчувственно слушает сердце, молчит.

В дверь ветер стучит, негромко так.
Со скрипом открыл её сквозняк.

А там наливается колос, остёр.
И трётся солнце о небесный шатёр.

Плоды на деревьях и на кустах,
И птицы и бабочки носятся — страх!

В глубоком молчанье полудня тут
Крестьяне на поле колосья жнут.

Я крест сотворил и мертвец исчах
И шаг мой бесшумный пропал в зеленях!

НА КЛАДБИЩЕ

AM FRIEDHOF

От нагретых камней дух пошёл.
Чад от жёлтого ладана сочный.
Рокот в хаос вроившихся пчёл
И дрожанье шпалеры цветочной.

Ход замедлят у солнечных стен,
Тишиною облитых, и канут,
Как обман, как мерцающий тлен —
И мертвецкие песни затянут.

И потом будут слушать в кустах,
Засиявших виденьями дробными,
Комарья бурый ком в облаках
Над камнями надгробными.

СОЛНЦЕ ПОСЛЕ ПОЛУДНЯ

SONNIGER NACHMITTAG

Ветвь в глубокую голубь качает меня.
В хаос листьев осенних — переливчатый строй
Мотыльков, о хмельной, обезумевший рой.
Топоры у реки застучали звеня.

В красных ягодах — губ моих пьющих душа,
Свет и тени взлетают в листве без конца,
И часами летит золотая пыльца
И на бурую землю опадает шурша.

Дрозд смеётся в кустах и уснуть не даёт.
И безумный и шумный осенний земной
Листьев хаос смыкается надо мной,
И на землю, сверкнув, тяжко падает плод.

ДО СКОНЧАНИЯ ВЕКА

ZEITALTER

Сжигает зверь лицом горящим
Кусты, меня — всем страхом тела.
Колодца детский хор, капелла,
Лечу к их голосам щемящим.

Смеются галки без причины,
Берёзы прячут взор поникший,
Стою перед огнём притихший,
По золоту огня — картины,

Старинный миф, Любви хвалы.
Холм, облака: молчат, неверы.
И в зеркале пруда химерой
Блестят плоды, кивают, тяжелы.

Не получилось в короткий метр вставить «бурую зелень» в первой строке, которая встречается у Георга Тракля неоднократно. Но не это здесь главное. Стихотворение не очень понятно без обращения к «Гимнам к Ночи» Новалиса. В 3-й части Новалис говорит о соединении с умершей любимой сквозь тысячелетия, когда разрешаются земные узы («узы рожденья, оковы света»). О холме там говорится, во-первых, что он в своей узкой темноте скрывает образ (*Gestalt*) его жизни, а, во-вторых, что когда земля вознеслась и над ней парил дух героя, этот холм всклубился «облаком праха». У Тракля же облака на холме не отвечают, «молчат» в ответ на старинный миф, легенду о любви *uralte Liebesmär*, то есть ничего мистического не происходит, только в призрачном отражении в пруду ему (насмешливо? вторя галкам?) кивают сияющие плоды (звёзды?). Стихотворение называется Эпоха, или Век, но, возможно, название — сократившееся до одного слова выражение «до конца времён».

ТЕНЬ

DER SCHATTEN

Сегодня в саду начинался мой день —
Деревья цвели в голубой синеве,
Дрозды напевали, и я на траве
Увидел свою тень,

Причудливый зверь, перекошенный, злой,
Лежал как видение передо мной.

И шёл я дрожа, и какой-то хмельной
Фонтан в синеву пел, о странный,
И лопнул бутон багряный,
И зверь увязался за мной.

Меняется поэтика, и меняется решительно и категорически! Два стихотворения лежат рядом, оба их роднит мотив «берёзовых волос», но как по-разному они строятся. От нытья и жалобы, страха смерти и символистского ряда с угадываемой композицией человек, словно взяв себя в руки, переходит к собственной технике монтажа, распределения живописных и световых образов строго по двустишиям, к строгому 4-стопному хорею, столь знакомому нам по его первой и последней прижизненной книжке. Фрагментарность. Недосказанность. Непредсказуемость. Мотив светящихся шагов. В отличие от первого, где «голубая лента весны» — прямая аллюзия на Мёрике, читай: романтизм! И декадентское нытьё. Дикая смесь. Изрядно всем уже надоевшая. Как хорошо, что для этих стихов не нашлось издателя! И почти настоящий Тракль во втором. Но по какой-то причине стихотворение не вошло в сборник, и я догадываюсь, почему. Здесь только свет, нет ни одного цветового эпитета. И воспринимается оно как этюд, мастерский, но этюд!

Ср. со следующим: *Чудесная весна*

ЧУДЕСНАЯ ВЕСНА

WUNDERLICHER FRÜHLING

В полуденный глубокий зной
Лежал на камне я, но прах
Поправ, три ангела за мной
Явились в солнечных лучах.

Весенний день предчувствий полн!
Последний снег в полях лежит.
Берёза, в блеск холодных волн
Волосья свесив, вся дрожит.

И небо лентой голубой
Махнёт, и облако летит,
А троица передо мной,
Колени преклонив, стоит.

И пела птица волшебство,
Но тотчас я сумел прозреть:
Тебе не светит ничего,
Лишь умереть, лишь умереть!

ВИДЕНИЕ ПОЛУДНЯ

DER TRAUM EINES NACHMITTAGS

Тихо! Старца шаг был схвачен
Светом, и — в потёмки, в дали.
Тени падали, взлетали:
В окна — хвост берёз, взлохмачен.

И на виноградном склоне
Вновь вакханок хороводы,
Нимфы раздвигают воды
Зеркала колодца в лоне.

Бух! Вдали гроза грохочет.
Ладан из настурций мессой,
Мотыльков хор бессловесный,
И цветник гнилой решётчат.

ЛЕТНЯЯ СОНАТА

SOMMERSONATE

Дух плодов подгнивших пьяных.
Куст и ствол от солнца в звонах,
Песни чёрных мух зловонных
В буро-золотых полянах.

В глуби голубой болотца
Свет пожаров сухостоя.
В жёлтых робах зверобоя,
Слышишь? стон любви поётся.

Долго бабочки над кручей.
Тень моя в тимьяне душном,
В танце вьясь хмельном, воздушном.
Чёрные дрозды в падучей.

Туча грудью напирает.
И в венке из ягод-листьев,
Видишь? в тёмных соснах лыбясь,
Скрипку взяв, скелет играет.

Вот уже полуготовый мастер. Стиль первой зрелости с характерным 4-стопным хореем, монтажом, узнаваемыми мотивами и топосом. Появляется, вероятно, впервые, «любовный стон», цветовые эпитеты. Рудиментами ранней поэтики можно смело считать призывы слышать и видеть. В дальнейшем привлекать внимание к звукам и запахам поэт научится более элегантно. Соблазнительно не отказать себе от сравнения с живописью и назвать это стихотворение эскизом к будущим шедеврам. Духота, теснота и густота переданы блестяще. Не хватает абсолютных метафор. Они скоро придут. Как только в его стихах появится сестра. В самых разных обличьях.

СВЕТЯЩИЙСЯ ЧАС

LEUCHTENDE STUNDE

Звуки флейты на холме.
У воды в засаде фавны.
Нимфы в камышовой тьме,
Стройные, ленивы, плавны.

Трепет в зеркале пруда,
Золотое мельтешенье,
Зверь двуспинный, иногда
В шёлковой траве движенье.

Всхлип и вздох среди берёз,
Так Орфея нежно пенье,
Шутки соловьёв, и слёз
Прямо в пение теченье.

Пламя Феба всякий раз
На устах Венеры тлеет.
Амброй дышит этот час —
И тотчас темно краснеет.

ВОСПОМИНАНИЕ ДЕТСТВА

KINDHEITSERINNERUNG

Так солнце одиноко в полдневный зной,
Гул пчёл в поток уходит и там витает, вышний.
И голоса сестёр, их шёпот еле слышный —
Слушает мальчик в беседке резной,

Ещё дрожа весь, не сводя с картинок в книге взор.
И утомлённо липы желтеют в синем мире.
Бездвижной каплей цапля залипла в эфире,
Фантастические тени пали на забор.

Сёстры друг за другом заходят молча в дом.
Их белые платья, их слабое сиянье
Из светлых комнат вскоре — видение, не знанье,
И странный замирает шум в кустах потом.

Мальчик гладит кошку, чарами взят,
Зачарован зеркалом кошачьего ока.
Мелодия органа с холма летит далёко
К небу, и прекрасна, дивная, как сад.

ОДНАЖДЫ ВЕЧЕРОМ

EIN ABEND

Вечером небо за тучей безвольно.
И через морок, печально молчащий,
Тёмного золота, ливень шёл чащей.
Дальний смолк бой колокольный.

Земля напилась воды ледяной, и
Краешек леса тлел, догорая,
Ветер и ангелы, музыка рая,
Пал на колени в траву и на дно я,

В вереск, в настурции, в горькие скверны.
В лужах сплошных серебристых плакучие —
Плач безутешной любви — эти тучи. И
Пустошь безлюдна была, безразмерна.

И вот, шаг за шагом, мы подходим к тому водоразделу, где символический, театральный жест (пал на колени) кончается, уступая место текучей живописи. Невероятно эротичной. Внутренне, нежно, щемяще. Ливень, (цвета) тёмного золота (сразу же вызывающий в памяти живописное прочтение мифа о Данае), тучи, отражающиеся в лужах. Одновременно копятся и нарабатываются мотивы, которые станут сквозными: бой колоколов, топос опушки (края) леса, пение ветра и ангелов, заимствованные у Рильке, безлюдная и без(раз)мерная пустошь (равнина). Как и представительство всех четырёх элементов (стихий): вода, земля, воздух, огонь. Удивительно наблюдать этот генезис. Прямо, как автора, бросает в дрожь и на колени от происходящего на глазах рождения формы.

ВРЕМЯ ГОДА

JAHRESZEIT

Рубиновые жилки в листья вползли.
И затем стал пруд и далёк и тих.
Бурая пыль в углах голубых
У края леса связалась в узлы.

Рыбак свою вытянул сеть с трудом.
И затем над полем вдруг сумрак встал.
Но двор бледно-призрачным светом блистал
И служанки носили фрукты с вином.

И песнь вдалеке умерла пастухов.
И хижины стали пусты на просвет.
И в серый саван был лес одет,
Вызывая в памяти печаль прежних снов.

И время притихло над ночью слепой.
И, словно скопище чёрных дыр —
Вороньё в лесу, что рвануло в мир
На звон колокольный в городе, в бой.

И вот чистый, беспримесный, как говорят обычно, экспрессионизм, который у Георга Тракля сложился, как мы видели, из множества компонентов. Я уже перечислял истоки. Но теперь — ещё раз — элементы нового стиля. Цвет. (В каждой строфе!) Цветовые эпитеты, оставаясь в некоторых случаях просто красивыми определениями: «рубиновые жилки», — обслуживают «абсолютные метафоры». Они же не просто жилки листа, а «вползли» в него, странно, непонятно, но завораживающе; эти кровеносные сосуды, этот красивый «скелет» листа оживает, обретает черты субъектности. Сверхплотность метафор в сплетении с образной густотой. Метафоры (! мн. ч.) первой же строфы не просто красивы, но живописны, бьют в глаза, да и по всем органам чувств. И волшебны, таинственны, не расшифровываемы. Плотная образность, в свою очередь, сплетается с «миражами» мета-реальности: откуда взялись эти служанки, фрукты, вино, сразу после ландшафтных локализаций? Видение внутри видений. Состояние тревожной неопределённости усложняется общим, странным очарованием, «привлекательностью» зла, это наваждение трудно с себя стряхнуть. Стих от этого только выигрывает. Как и от обрывочности фрагментов. Глаз и ухо не успевают за сменой сцен. Попробуй кто пересказать, что «происходит» в стихе, ему придётся прочитать вслух всё с начала до конца. Ну и эсхатологочность, ожидание конца времён, как же без этого.

ВИННЫЙ КРАЙ

IM WEINLAND

Солнце пишет двор, стены, клети,
Гору яблок на земле осенней кистью,
Вокруг на корточках замызганные дети.
Ветер раздвигает в липах листья.

Сквозь ворота золотой ливень пляшет.
И стремятся донести благостное тело
До гнилой скамьи бабы. Машут
Пьяницы кру́жками то и дело.

Скрипочку терзает оборванец.
Похотливо юбок пучится кокон.
Смуглые тела свиваются в танец.
Пустые глаза глядят из окон.

Вонь встаёт из зеркала колодца.
Гнило и черно, одиноко, туго
В лозах на холме сумрак бьётся.
Птичий караван мчится к югу.

ТЁМНЫЙ ДОЛ

DAS DUNKLE TAL

В соснах встряхнулась стая ворон
И туманы зелёные встали,
И, как только в трактире скрипки вступали,
Девки в танец бросались, но это был сон.

Горлопанов набравшихся крик и смех,
Дрожь по тисам в волненьях бесследных.
В стёклах окон, как будто покойники, бледных,
Ходят тени танцующих всех.

Ароматом тимьяна дохнуло, вином,
В чаще зов одинокий навеки.
На ступенях проснулись калеки,
Чтоб о землю бессмысленно биться лбом.

Зверь в лещине кровавой раной разъят.
И аркады деревьев шатучи,
Тяжелы ледяные тучи.
У пруда в обнимку любовники спят.

От изображения фавнов и нимф к описанию крестьянских грубых празднеств, такой путь проходит поэт. (Тогда как у Георга Хайма (*Georg Heym*) невинные поначалу лесные и полевые божки превращаются в страшных и недобрых городских демонов). Стихотворения этого сорта все по-своему любопытны, но только однажды, на мой взгляд, в стихотворении «Крестьяне» Тракль доходит до мощных обобщений. Но и всё равно это уже кисть мастера, если можно так сказать о поэте, доверившем в самом начале инструмент живописца солнцу. Пока что это только жест, декларация намерений, но они осуществятся.

СУМЕРКИ ЛЕТНЕГО УТРА

SOMMERDÄMMERUNG

В зелёном эфире вдруг вспыхнула звезда,
И чуют: утро, — кто не спит в больнице.
Колоколов далёкий звон как будто снится,
В кустах безумие незримого дрозда.

На площади изящен монумент и одинок,
И астрагалы во дворах так нежно-алы.
Вкруг деревянного балкона мреет воздух вяло
И мухи чуть шевелятся, упав в вонючий сток.

За серебристой занавеской, впрочем, мир вовсю живёт:
Объятья, грудь, о как нежна, мельканья рук и губ.
В строительных лесах у башни стук тяжёл и груб.
И месяц белой плесенью пятнит небесный свод.

И призрачный, как сон, аккорд восходит и парит.
И выплыли монахи из церковных врат.
И в Бесконечном сгинули, как на подбор, подряд.
И светлая вершина в небе надо всем царит.

Как бы ни была устойчива и жёстка эстетическая программа (не побоюсь сказать, схема стиха эпохи «первой зрелости» 1912 года, когда его опусы стали публиковаться в авангардистском журнале Der Brenner), каждое стихотворение по-своему уникально. Однако когда отдельные элементы сборки вроде всё те же, а на выходе мы получаем что-то опять другое, свежее и оригинальное, хоть и узнаваемое, то это похоже на волшебство. Композиция плоскостна, как на холсте, но сцен так много, и динамика так высока, и при этом идёт атака попеременно на все органы чувств у читателя, включая осязание, и это не мешает решению ни чисто живописных задач, ни созданию неуловимого, несхватываемого образа утра, в котором странное, необычное, вплетено в квазиреальное. Нежный, нежный экспрессионизм!

В ЛУННОМ СВЕТЕ

IM MONDSCHEIN

В сенях нашествие мышей и насекомых,
Войска беснуются, всё в лунном свете тонет.
И ветер, вскрикнув, как во сне, мычит и стонет.
На стёклах тени листьев заоконных.

Не к месту вдруг на ветках щебетанье,
И врассыпную пауки по стенам голым.
В прихожей луч скок «зайчиком» весёлым.
Прекрасное в дому живёт молчанье.

Блуждают огоньки дворами хмуро.
Тряпьё, труха древесная, хлам вздорный.
Звезда скользит озёрной гладью чёрной,
Там древние ещё стоят фигуры.

И очертания других явлений сущих
И начертания на треснувших дощечках,
Живых картин цвета, сюжетов вечных:
Перед Марией — ангелов поющих.

Стихотворение даёт пример работы не с цветом, а со светом (и тенью). Назову это красиво «динамической модуляцией света».

В 1-й строфе после всё заливающего, на фоне неприятного чёрного мельтешения (мыши, крысы, насекомые), лунного света, видим тени на окне.

Во 2-й появляется пугающий дрожащий «зайчик» на фоне голой стены.

В 3-й — тревожные блуждающие огоньки.

И наконец в 4-й, своеобразным разрешением, появляется звезда, скользящая по чёрной воде. И всё это как удивительная прелюдия к экфрасису: на иконе (или картине) поющие ангелы перед Марией на троне. А звезда и Мария, как мы знаем, связаны множеством семантических нитей. Никак не случайны в таком контексте слова *Vielleicht die Farben*, «возможно, цветные, скорее всего, в цвете». Андрей Тарковский использовал этот приём в чёрно-белом «Андрее Рублёве», «включив» цвет в заключительных кадрах фильма. Сверх-реальность икон, являющих незримую, но истинную реальность, выделяется цветом. Таким образом, мы доходим до замысла Георга Тракля относительно использования цвета в его лучших стихах. Теряя дескриптивную функцию, цвета́ обретают функцию «иконописную», становясь зримыми яркими маркерами незримой истины. Маркерами трансгресии.

СКАЗКА

MÄRCHEN

Под жёлтым солнцем брызгает фейрверк;
В старинном парке маски в диком раже.
А в сером зеркале небес — пейзажи:
Крик фавна дик, да так, что свет померк.

Его оскал в лесу — луч золотой.
Шмели в настурциях, бой рукопашный,
Конь Блед летит, и призрачный и страшный,
Пылают тополя, теряя строй.

Малышка, утонувшая в пруду,
Как некая Святая, в голом зале,
Но луч из туч, — и веки задрожали.

В теплицу старики идут в саду
Полить цветы, а сами глухи, слепы.
Так сбивчив шёпот сна, тупой, нелепый.

Почему сказка? Потому что страшная. Слово *Märchen* происходит от слова *die Mär* невероятная история, рассказ, в который трудно поверить (отсюда же, кстати и кошмар). Мы вступаем в область (сексуальных) перверсий, видениям на грани с бредом. В первой же строке избыточное усиление, зачем называть солнце жёлтым и запускать фейерверк при ярком свете дня? Во второй безумие охватывает не людей, а маски. В третьей – вместо обычной метафоры-штампа «зеркало воды» зеркало небес, отражающее пейзажи, мир перевёрнут. Завершается строфа диким криком фавна. Дальше – больше. Начинается эсхатология. Даже шмели, символ и метафора мирного труда и идиллии, вступают в военную рубку, в рукпашный бой. И тут мы доходим до терцетов, которые в сонете обычно меняют или прибавляют смысл катренов. И кого мы там видим? *Die Kleine*, малышку, да-да, сестру, любовницу, чего уж там, Грэтль, которая в этом страшном видении-рассказе утонула. Но мало того, утонувшая ведёт себя странно, луч (из) облака слепит (!) её. Во всяком случае, она живее стариков в заключительном терцете, которые *stumpf und krank*, «тупы и больны». Малышка в «голой комнате» лежит, как «некая святая»: доводит это «сказание» до «абсолютной метафоры», превращая весь текст в стихи *an sich*. В поэзию, как она есть.

ОДНАЖДЫ ВЕСЕННИМ ВЕЧЕРОМ

EIN FRÜHLINGSABEND

Друг, вечер, сумрак, мне обставший очи,
Зелёными озимыми приди.
Торжественные ивы впереди;
Любимый голос шепчет среди ночи.

Коснётся ветер милого, что пели,
Нарциссов дух серебряным перстом.
В лещине чёрный дрозд свистит о том,
И пенье пастухов из тёмных елей.

Как медленно дом растворялся в дыме,
Берёзки появляются в виду.
Созвездье одинокое в пруду —
И тени льют шарами золотыми!

И, значит, время чудо сотворит,
Так ищут ангелов в чудесных взорах,
В игре невинной, восхищённых, скорых.
Да! время чудодейственно творит.

И вот мы фиксируем момент, когда поэт пытается выйти из жёсткой схемы, которая принесла ему успех, но теперь стала его стеснять. Первая попытка не выходит за пределы регулярного стиха, автор, обогащённый удачным опытом, делает шаг назад, возвращаясь к теме ночи-смерти-ночи в новой редакции, пытаясь совместить несовместимое, а именно, с таким трудом найденную поэтику с символистскими приёмами и церковной лексикой: *wundertätig*, чудотворный. Какие-то дивиденды это ему приносит, лиризм в стихе сквозит необыкновенный. Но дальнейшее покажет, что это его не устроит. Однако есть и кое-что новое, а именно: одинокое созвездие в пруду подсказывает мотив преображения, нового состояния после смерти, дающего простор живописным видениям (а это немало!) Пока мы видим черновик, концовка патетична и скомкана, но черновик, открывающий перспективу.

СКОРБНАЯ ПЕСНЬ

KLAGELIED

Подруга, что зелёными цветами
Жонглирует в садах, луной залитых —
О! Что пылает там за тисами ограды!
Золотые уста касаются моих губ
И звон стоит, как от светил
Над Кедроном.
Но туманности звёзд собираются над равниной,
В танцах диких, невыразимых.
О! Подруга моя, твои губы
Наливаются зрелостью граната
У хрустальной раковины моих губ.
Тяжко лежит на нас
Золотое молчание равнины.
К небу восходит дымящаяся кровь
Иродом
Убиенных младенцев.

И вот решительный переход от условного Новалиса к условному Хёльдерлину, которого немецкоязычные интеллектуалы начинают читать все и запоем. Что Рильке не расставался с синим томиком, что Тракль. Наряду с Ницше он становится культовым автором в предвоенное время. В чём смысл такого поворота? Экспрессионизм это запрос на поиск нового художественного языка. Новалис дал Траклю мистическую глубину, Хёльдерлин — способ высказывания, не стеснённый рамками метрических схем, как обручами, сжатых рифмами. Конечно, в пределах новых возможностей несопоставимое лучше связывается в единое целое. В случае с Траклем это ещё и умножается на смелость строки, упругость и звонкость высказывания, с успехом обретённую дерзость образов и сопоставлений, мастерство эффектных концовок (только что мы видели запоротую концовку, урок выучен!), размашистость и артистизм, позаимствованный у живописи, наконец, эротику, как раз к этому времени в живопись хлынувшую. Muschelmund мощный почти-неологизм Mund рот, уста; Muschel раковина, ракушка[*], вообще-то, (как бы приоткрытая) створка раковины, этот

---

[*] Но и кое-что ещё, хотя и не только женские гениталии, ср. , например, у Готфрида Бенна «Анадиомена, вечная раковина».

вставной натюрморт, описывающий поцелуй, ракушки и плода граната, вдруг срывается в один из самых кровавых и садистических евангельских эпизодов с избиением младенцев...Такова странная логика этих видений, связывающая личное с историческим, биографическое с преданием, религиозное с эросом.

ВЕСНА ДУШИ
(*«Синим, белым, в поздний час...»*)

FRÜHLING DER SEELE
(*«Blumen blau und weiß verstreut...»*)

Синим, белым, в поздний час,
Вверх цветам расти пора,
Ткётся серебром игра
Одиночества для нас.

Жизнь опасная цветёт,
Сладкий сон, могила, крест,
Колокольный благовест,
Всё сияет и живёт.

Ива впрах мерцает здесь,
Свечкой, в лёт, в эфир и в сны.
Шепчет, блазнит бог весны,
Влажный плющ трепещет весь.

Хлеб-вино: озимых цвет.
И органа торжество.
Вкруг Страстей, Креста Его,
Призрачный неверный свет.

О! Как сладки эти дни.
Дети в сумерках идут.
Ветер всё синее дует.
Дрозд: всё шуточки одни.

Два стихотворения моего героя, обнажающих чёткий водораздел в его поэтической эволюции. Оба называются «Весна души». Одно — из собрания неопубликованных при жизни (и то, что оно не опубликовано, очень характерно). Другое — из второго сборника, «Видения Себастьяна» (1915), составленного автором, хоть и не успевшим его увидеть. Первое следует «условному Новалису», второе «условному Хёльдерлину».

Первое — мистические «сновидения», регулярный 4-стопный рифмованный хорей, странная смесь радости-печали в текучем инобытии, визионерство.

Второе — мистические видения (не сны), с нерифмованными длинными дышащими строчками, где субъектом — душа, с удивительной сентенцией «Душа на Земле — Постороннее», не как вариация на тему Новалиса «человек в этом мире — Странник», а как откровение в гёльдерлиновском смысле, в духе его парадоксальных высказываний о здесь-бытии, анахронистично подыгрывающих будущим хайдеггеровским построениям.

Визионерство против откровения. Красо́ты короткого метра против красоты́ выбежавшего на волю (из решётки размера) чудесного слога.

Что касается названия, то пока два соображения (на самом деле их больше).

1) В другом стихотворении из «Себастьяна», а точнее, прямо в следующем, Георг Тракль говорит: *Es schweigt die Seele den blauen Frühling*. Душа вымалчивает синюю Весну. Выясняется, что весна не снаружи души, а внутри неё, её внутреннее состояние. Это душа души, можно было бы продолжить вслед за Хайдеггером. Другими словами, весна души это весна, происходящая в душе, а не душа весной.

2) «Отрешённый год», словосочетание, которого нет в первом сборнике, появляется во втором, и тут же времена года перестают быть сменой сезонов, а начинают означать внутреннюю жизнь (странствующей) души (посторонней на Земле). Разумеется, метафорически она описывается и через приметы пейзажа и изменения в атмосфере, но центр тяжести переносится на другое. Если у Тракля-Новалиса жизнь брезжит в другом (месте), но мы её прозреваем здесь, то у Тракля-Хёльдерлина, да, жизнь происходит здесь, но она в другом.

ЗАКАТНЫЕ СУМЕРКИ

WESTLICHE DÄMMERUNG

Искры! — и фавны орут на испуг,
Пенятся в парке огнями каскады,
Вонь от металла, стальные аркады,
Город вращается Солнца вокруг.

Двойку из тигров бог лихо запряг,
Мчит мимо женщин и ярких базаров,
Золото льёт ручейками товаров.
Воют невольники за просто так.

Пьяный корабль развернулся в канал,
Солнце — снопами зелёными спето.
Ясный концерт бессловесного цвета
Тихо, светло у больницы блистал.

Роскошь зеркал, что твой Квиринал —
Мрачных. В кружениях пустопорожних
Мостокрушений железнодорожных.
Бледный демон у отмелей ночь простоял.

Бабы на сно́сях, чья суть не ясна,
Их в сиянии скользком видит Зритель невольный.
Для Отходящего звон колокольный —
Клад золотой в сером ужасе сна.

Анге́ла, это имя уже встречалось нам в первом сборнике 1913 года (и ещё встретится дальше).

Вспомним:

...и молча слёзы
Светловолосый льёт учитель над Ангелой.

Образ умершей девочки является и Себастьяну, проливая свет на тайну и этого имени. Конечно, это сам автор, и название второго сборника, «Видения Себастьяна», указывает на него. Это книга видений Георга Тракля, в изменённом сознании, в бреду, в облике умирающего святого. А Анге́ла открывает для него духовный мир, помогает проникнуть в незримое. Связан ли её образ с образом сестры? Думаю, да. Тем более что в концовке 4-частного стихотворения упоминаются *Die Liebenden*, влюблённые, любящие, любовники.

Можно ещё отметить здесь изысканную строфику (5–1–4–1)

с хитро устроенной системой рифм. Мастерство версификации сливается в одно с мастерством смешивать радость-печаль по рецептам Новалиса, получается декоративность во вкусе эпохи (тот же Густав Климт) и сквозяще-щемящее чувство жизни-смерти, пронизывающее все три (телесное, душевное, духовное) уровня в человеке.

ЦЕРКОВЬ

DIE KIRCHE

Архангелы хранят алтарь; нервюры;
Покой и тень; луч синих глаз негласный.
В кадимом ладане да яды грязны.
Шаг в пустоту — о, жалкие фигуры.

Скамья черна: мадонной, у оконца
Малышка шлюшка, бледны щёки, выя.
Луч золотой, фигуры восковые;
Бог с белой бородой, Луна и Солнце.

Колонны мягки, рёбра жёстки, грубы.
Хор мальчиков — смерть голосов прекрасных.
Как под водой, расплылся цвет опасный,
Текучий красный — Магдалины губы.

На сно́сях баба, тяжкий бред неясный,
Идёт сквозь мрак, хоругви, маски, лица.
И тень её крестом на плащанице.
На стенах в известь ангелы бесстрастны.

К АНГЕЛЕ
(1-я редакция)

AN ANGELA
(1. Fassung)

1

В пустынных комнатах — судьба-сиротка.
Безумье нежно льнёт к обоям, к ране
Окна, где пеларгонии в дурмане,
К хиреющим нарциссам, мглой короткой,
Как алебастр в саду, сверкнувшим кротко.

В покровах Индии рассветы сини.

И страшно Страннику, когда в пустыне
Он ночь без сна проводит над Анге́лой.
О, сладкий ладан, и под маской белой
И боль и память — чёрные отныне.

О нежный смех, о зоб дрозда в долине!

2

Плоды, круглеющие перед всеми,
Анге́лы губы, и красны и влажны,
Как нимфы, над ручьём склонились важно,
Ленивый полдень — медленное время,
Зелёное и золотое бремя.

Но любит дух вернуться к играм плоти.

И тучи мух летают в позолоте,
Над падалью роясь клубком тлетворным.
Так демон хмурится — гроза в полёте! —
В тени могил все кипарисы в чёрном.

И первой молнии сноп искр над горном.

3

Под шёпот вечером июньской ивы
Дождь нескончаемой свирелью длится.

Как неподвижны в сером небе птицы!
Покой Ангелы — в ветках мрак ленивый.
И вот поэт их пастор терпеливый,

А рот его окутан тьмой прохлады.

Туманы мягкие в долине, лады,
У края леса — скорби тень, печали:
С уст Золото стекает сном с ограды,
У края леса — скорби тень, печали.

Объяла ночь садов хмельных отрады.

К АНГЕЛЕ
(2-я редакция)

AN ANGELA
(2. Fassung)

1

В пустынных комнатах — судьба-сиротка.
Безумье нежно льнёт к обоям, к ране
Окна, краснеющим цветам герани,
К хиреющим нарциссам, мглой короткой,
Как алебастр в саду, сверкнувшим кротко.

В покровах Индии рассветы сини.

И страшно Страннику, когда в пустыне
Он ночь без сна проводит над Ангéлой.
О, сладкий ладан, и под маской белой
И боль и память — чёрные отныне.

О нежный смех, о зоб дрозда в долине!

2

На жатве колкой, под тяжёлым небом
Усталые жнецы хмельны от мака,
Дух молока томит, густого злака,
И долгий колокол, пропахший хлебом.
Ворона падает комком нелепым

Туда, где гниль взопрела, в тихом месте —

Где золото цвело, и в этом жесте —
Молчаньем детским гиацинта словно,
Вино и хлеб, о выкормыши персти —
Для Себастьяна лик её духовный.

Ангéлы дух — лик Облака безмолвный.

3

Плоды, круглеющие перед всеми,
Вы губы ангела, красны и влажны,

Вы нимфы, над ручьём склонились важно,
Ленивый полдень — медленное время,
Зелёное и золотое бремя.

Но любит дух вернуться к играм плоти.

И тучи мух летают в позолоте,
Над падалью роясь клубком тлетворным.
Так демон хмурится — гроза в полёте! —
В тени могил все кипарисы в чёрном.

И первой молнии сноп искр над горном.

4
Под серебристый шёпот листьев ивы
Дождь нескончаемой свирелью длится.
Как неподвижны на закате птицы!
А в чёрных ветках — синие заливы.
И ты, поэт, их пастор терпеливый,

Как ты скорбишь теперь во тьме прохлады.

Вдыхая мак и ладан у ограды,
У края леса — скорби тень, печали:
Ангélы радость, игры звёзд, отрады,
Влюбленных ночь укроет, как вначале.

У края леса — скорби тень, печали.

В ПУСТЫНЕ МЛЕЧНОЙ; — ТЁМНОЙ МУКОЙ

IN MILCH UND ÖDE; — DUNKLE PLAGE...

. . . .
. . . .

В пустыне млечной; — тёмной мукой
Сатурн, суров, ведёт твой час.

Где бродит чёрный туй в тени,
Плоть изуродована, Ева,
Добыча псов, геенны гнева —
А рот её полн воркотни.

Её мольба летит туда,
Где звёзд шатёр всего палёней.
Фонарь Луны дымится в клёне.
Костёр азалий у пруда.

Молчи! Дрозда слепого хмель
Невыносимо в клетке бьётся,
Что свечка золотому Солнцу,
Что Гелиосу канитель?

О вечной болью звук нам тот!
Звезда и тень бледней во мраке,
И вдруг стираются, как знаки.
Свет брезжит. и петух поёт.

ВЕЧЕРНЕЕ ВИДЕНИЕ

TRÄUMEREI AM ABEND

Где вечером проходит кто-то, то не ангела там тени и
Не Красоты! Тоска сменилась забытьём, и ладно;
Нащупал Странник кипарисы в тьме прохладной,
Душа изумлена в изнеможении.

Пустынной площади — без сна, листа и краски —
Внимает траурная роскошь врат тяжёлых.
И нежных игр в саду шуршащий тихо полог
Усталых скрыл, пришедших для безумной ласки.

Повозка шелестит, родник в зелёных астрагалах.
И детство, что видение, звенит забытой ноткой,
Ангéлы звёзды в тайный знак сложились кротко,
Прохлада, вечер и покой в скругленьях шалых.

И белый мак Задумчивому мысль даёт и ходу,
Чтоб Справедливость и бездонную зрел радость Бога.
По саду в белом шёлке тень блуждает много,
Глядит в печальную бестрепетную воду.

В пустую комнату ворвался веток шёпот,
Стон любящих, и крохотных цветов вечерних трепет.
Гроздь золотая с колосом для сна нам ложе лепит,
Но лунный свет, ты не забыл умерших светлый опыт.

Вторая строфа этого стихотворения почти идентична второй строфе «Музы вечера» из первого сборника (см. первый коммент под постом). Как и четвёртая строка четвёртой строфы идентична заключительной строке «Музы вечера» («Глядит в печальную бестрепетную воду»; здесь это Задумчивый, там Эндимион, чьё появление заменяет «лунную» последнюю строфу этюда, но не отменяет её красоты). Можно считать поэтому стихотворение и черновиком и своеобразной двойчаткой. Но Ангéла появляется и здесь. Так что это уже как минимум тройчатка.

Ну, и мы видим, с какой настойчивостью Георг Тракль вставляет «любящих» в концовки стихотворений.

ШЕСТВИЕ ЗИМЫ В ТОНАЛЬНОСТИ ЛЯ МИНОР
WINTERGANG IN A-MOLL

Из веток, в снег, под чёрным покрывалом,
Звёзд частых красные шары. Сугроб.
Священник молча провожает гроб.
И снова ночь забьётся карнавалом.

Вороны пролетают рваным платьем;
Пленяют сказками страницы книг.
Волосьями в окно трясёт старик.
Больную душу демон сжал объятьем.

Замёрз фонтан. Обрушился в утробу
Ущелья — сгнивших лестниц остов. Гул
В старинных шахтах в темноту шагнул.
Мороз корицей освежает нёбо.

Почему бы и не соната Шуберта?

(Чем хороши фрагменты, черновики и не вошедшие в корпус тексты; мало того, что они и сами по себе бывают прекрасны, но и содержат подчас интересные сведения.)

В других стихах сестра (Грэтль) играет сонату Шуберта.

А здесь названа тональность.

Почему бы тогда не *Piano Sonata in A Minor D 784*?

Подходит под шествие зимы и под карнавал.

Уникальность Тракля в том, что, как все экспрессионисты, он пишет, не может не писать эсхатологические тексты: всё темнее в этом мире, — но его личный *Weltende* (конец мира) какой-то всё же мягкий и глубокий.

Мы переживаем вместе с автором три явления Божественного в трёх строфах в тройственной же метаморфозе света и цвета. В первой Дыхание Бога, во второй нечто Строгое, в третьей спящий на руках Марии Бог-Дитя[*]. В первой багрянец и чёрный, во второй скудный свет, настолько скудный, что цвет неразличим. В третьей — величественный синий, тот метафизический синий, что так щедро, так плодотворно разливается по немецкой поэзии,

---

[*] Мадонна в синем, Мадонна на троне, как мы видим, не идёт вразрез с иконографией, как и спящий Младенец (Мария на лугу и пр.), но Мария на троне со спящим младенцем кажется некоторым сдвигом, который поэт позволяет себе. Некоторым допущением. Совмещением несовместимого. Так что перед нами не икона, не иконический образ, а живое созерцание Божества.

начиная с Новалиса. И это параллельное дыхание тройственного, трёх теней, в которых мы угадываем Троицу, даёт надежду в концовке: ночь, конечно, неизбывно длинна, но и столь же непререкаемо *sternenklar*, ясная, в звёздах. И одновременно это рассказ, начавшееся с упоминания о ветре (тонкое наблюдение), тронувшего кроны деревьев, описание кончающегося дня в долине, с деревушкой, встающей (!) вдруг перед лесом, с брезжущими сумерками, от чего сжимается сердце, потому что гаснет свет, но тут совершенно в духе Новалиса воцаряется прекрасная Ночь.

Ясная, звёздная, трёхчастная соната Шуберта, вот что такое это стихотворение.

ВСЁ ТЕМНЕЕ

IMMER DUNKLER

Ветер коснулся багрянца крон —
Бог это дышит: пришёл и ушёл.
Сон чёрной деревни у леса тяжёл;
Три тени упали на поле и склон.

Скудный свет сжался: брезжить, не жить,
Кротким — юдоль и печаль.
Строгому Нечто в саду не жаль
Коротко день завершить.

Тёмен орган, неизбывна вина.
Мария на троне в веках,
Вся в синем, качает Дитя на руках.
Звёздная ночь длинна.

Мы переживаем вместе с автором три явления Божественного в трёх строфах в тройственной же метаморфозе света и цвета. В первой Дыхание Бога, во второй нечто Строгое, в третьей спящий на руках Марии Бог-Дитя. В первой багрянец и чёрный, во второй скудный свет, настолько скудный, что цвет неразличим. В третьей — величественный синий, тот метафизический синий, что так щедро, так плодотворно разливается по немецкой поэзии, начиная с Новалиса. И это параллельное дыхание тройственного, трёх теней, в которых мы угадываем Троицу, даёт надежду в концовке: ночь, конечно, неизбывно длинна, но и столь же непререкаемо sternenklar, ясная, в звёздах. И одновременно это рассказ, начавшееся с упоминания о ветре (тонкое наблюдение), тронувшего кроны деревьев, описание кончающегося дня в долине, с деревушкой, встающей (!) вдруг перед лесом, с брезжущими сумерками, от чего сжимается сердце, потому что гаснет свет, но тут совершенно в духе Новалиса воцаряется прекрасная Ночь.

И это стихотворение тоже как трёхчастная соната Шуберта.

ПО ДОРОГЕ

UNTERWEGS

Дух мирра, сумрак, всё горит в чаду,
Пустынно, красно: площадь сожжена.
Базар — волчком, луч золотой спьяна
Течёт, причудлив, в лавки, как в бреду.

Пылает гниль в помоях; ветер рад
Садов ожоги теребить рукой.
Безумцы ловят сон свой золотой.
За окнами — дриады нежно спят.

Лунатиков снедает цель не та.
Сверкнул поток рабочих у ворот,
Взвились костры громад стальных, и вот
На фабрике вновь сказка заперта!

В окне старик марионеткой зла,
Смеётся похотливо звон монет.
Нимб сходит на малышку шлюшку, свет.
Бела, ждет у кофейни, и мила.

Блеск золота ей в окнах пробуждён!
Пронизан солнцем дальний буйный плеск.
Кривой писака лыбится на блеск
Зелёный горизонта, в страх, в сполох.

Грохочут по мосту хрустальных снов
И чёрный катафалк и фруктов воз.
Канал забит судами, где всерьёз
Оркестры, блеск зелёных куполов.

Горят купальни магией небес,
Заклятых улиц мрак снесли в овраг.
В эфире — эпидемии очаг.
Сквозь муть рубина преломился лес.

Волшебно Опера блестит к утру,
Из улиц маски вдруг несёт поток.

Кой-где пожар ярится, изнемог.
И мотылёк танцует на ветру.

В кварталах вонь и нищета. Летя,
Фиалок краски и аккорды тут
В подвалы голодающих ведут.
И на скамейке мёртвое дитя.

Ср. со стихотворением с тем же названием «По дороге», (Unterwegs), вошедшим в сборник «Видения Себастьяна».

ПО ДОРОГЕ
(2-я редакция)

UNTERWEGS
(2. Fassung)

Сквозь сумрак льёт дух мирра в тишине,
Черно, пустынно: ночь и карнавал.
Луч золотой пробился в туч провал
И лавки заливает, как во сне.

Пылает гниль в помоях; ветер рад
Садов ожоги теребить рукой.
Безумцы ловят тёмный смысл какой.
За окнами — дриады мило спят.

Улыбка: мальчика желанье ест.
Врата закрыты, двор церковный глух.
Всё ждёт сонат к ним благосклонный слух;
На белом всадник мчит коне окрест.

Старик просеменил петрушкой зла,
Смеётся похотливо звон монет.
Нимб сходит на малышку-шлюшку, свет.
Бела, ждет у кофейни, и мила.

Проснулось золото, узрев её в лучах!
Грохочет солнце, дальний буйный плеск.
Кривой писака лыбится на блеск
Зелёный горизонта, в сполох, в страх.

Гроза, повозки, хохот, грохот, крах.
Пустой и бледный труп во тьме плывёт.
В канале яркий светлый пароход,
Крик негритянки в диких зеленях.

Лунатики перед свечой, всё тлен,
Дух Зла — паук, тоска в его очах.
Средь пьяниц — эпидемии очаг.
Дубы вломились в дом из голых стен.

Дом Оперы воздвигся сам к утру,
Из улиц маски вдруг несёт поток.
Кой-где пожар ярится, изнемог.
Мышей летучих крики на ветру.

В кварталах вонь. Всего-то ночь спустя,
Фиалок цвет, глухих аккордов вал
Мимо голодных тянутся в подвал.
А на скамейке мёртвое дитя.

Метрическое рифмованное, никуда не пошедшее, здесь, и написанное хёльдерлинским стихом (см. *в первом комментарии*) из «Видений Себастьяна». (См. комментарии к *«условному Новалису»* и *«условному Хёльдерлину»* выше).

Тракль даёт нам два варианта своих эсхатологических опусов.

В первом стихотворении, имеющем двойчатку (2-ю редакцию) 9 четверостиший плотно набиты сменяющими друг друга мимолётными видениями. Во втором плотность не меньше, но распределение её по тексту иное. И угасание мира (человеческого рода) описано иначе. Как я уже замечал, мягче и глубже.

ДЕКАБРЬ
(1-я редакция стихотворения «Декабрьский сонет»)

DEZEMBER
Dezembersonett (1. Fassung)

Цирк едет вечером через лесок
В повозках с низкорослыми конями.
Клад золотой сверкает облаками.
Деревни — на холсте наискосок.

Щиты, мечи, — чёрн, носит вихрь, продрог.
Ворчат артисты, ворон бьёт крылами.
В кровавый сток луч падает и пламя.
На кладбище течёт людской поток.

Дом овчара вдруг в серой тьме пропал,
В пруду сокровища блестят и в мире;
Крестьяне за вином сидят в трактире

Льнёт к женщине малыш, уснул, устал,
И в ризнице бормочет служка страстно
И утварь красная — темна, прекрасна.

ДЕКАБРЬСКИЙ СОНЕТ
(2-я редакция)

DEZEMBERSONETT
(2. Fassung)

Цирк едет вечером через лесок
В повозках с низкорослыми конями.
Клад золотой блестит за облаками.
Деревни — на холсте наискосок.

От чёрных простынь красный вихрь продрог.
Сгнил пёс, дымится кровь по-над кустами .
И жёлтый страх крадётся тростниками.
На кладбище течёт людской поток.

Вдруг в серой тьме Дом старика пропал,
В пруду сокровища блестят и в мире;
Крестьяне за вином сидят в трактире

Льнёт к женщине малыш, уснул, устал,
Монах бледнеет, нежен; мрак и мальчик.
И спящим — лысый дуб душеприказчик.

ДЕНЬ В ЗЕЛЕНЬ ЗОЛОТОМ ГОРИ...

GRÜNGOLDEN GEHT DER TAG HERVOR...

День в зелень золотом гори,
Капелла у холма, дорога,
Цветочек, выгляни, Марии
Белейшей веткой у порога.
Качнитесь ивы в синь чудес,
Роса на ключике небес!
Радуйся!.. Радуйся!..

Там я спою сей милый день
Перед тобой, Мария, в белом
Со страстью чудом неумелым
Над ним дрозду смеяться лень.
Берёз зелёный воскресил
Молчанье чудное могил.
Радуйся!.. Радуйся!..

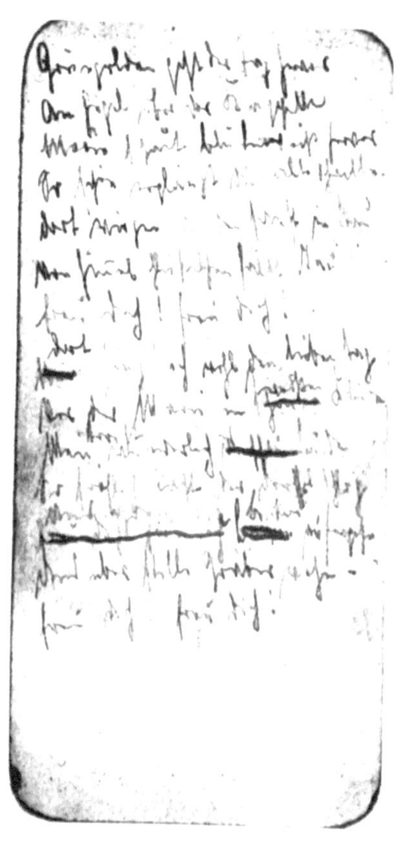

Одно из редких стихотворений, обнаруженных после выхода академического историко-критического издания 1969–1970 года, уже упомянутого в комментарии к ст. *«Как-то в осенний вечер»*.

Написано на оборотной стороне визитной карточки.

Рефрен «Радуйся!» может быть понят двояко: либо как обращение к самому себе, либо как оборванная цитата из Акафиста Богородице: Богородице Дево, радуйся!

Ср. с названием ст. *«Благословенна в жёнах»*, имеющем тот же источник («Стихотворения», 1913).

[172]

ХЁЛЬДЕРЛИН

HÖLDERLIN

Простёрся в осень лес вальяжно,
Спит ветер, зверя не тревожа,
Что спит в укромном месте тоже,
Там где ручей притих овражный.

Лик благороден мрачным оком.
Сиянье-грусть красе под стать от
Безумия, что на закате
В траве нам шепчет ненароком.

Это стихотворение было обнаружено в рукописном виде в 2015 году в одном из изданий Хёльдерлина, принадлежавшем Траклю. Оно подписано инициалами *G.T.* и датировано 1911 годом.

СОБРАНИЕ

1912—1914

GEDICHTE

1912—1914

НА ВЫЦВЕТШЕМ КОВРЕ ПЕЙЗАЖ И СТРАСТЬ...

EIN TEPPICH, DAREIN DIE LEIDENDE LANDSCHAFT VERBLASST...

На выцветшем ковре пейзажа страсть
Генисарет, там с бурей спорит лодка
Из туч грозо́вых золотко льёт ходко
И нежный человек — в безумья пасть
А синий смех водой бурлящей в глотке

Вдруг шахта открывается темна
Там одержимые в зеркальной стали
Кровь каплет на горячие сусали
Осколки лика ночь опять черна.
Лопочут флаги в мрачных сводах дале

Похоже прочее на птиц полёт
Вороны виселицы знаменья обманки
В осоке острой ползают медянки
Ум и улыбка шлюх — подушек ладан мёд

Слепые дети на Страстной стоят на цыпках
И в зеркале темней полнее тленье
Стон умирающих в канун выздоровленья
И ангелы по белым бельмам зыбко
Слетают с век о золото спасенья.

РОЗОВО ЗЕРКАЛО: СТРАШНЫЙ УРОД…

ROSIGER SPIEGEL: EIN HÄSSLICHES BILD

Розово зеркало: страшный урод, —
Чёрной спиной повернувшись как раз,
Кровь как слеза из разбившихся глаз, —
Мёртвых змей в руки, играя, берёт.

Снег сквозь рубаху, замёрзшую в лёд,
Тает на чёрном лице багрецом,
Бьётся лицо, став осколком-лицом
Странных и чуждых и мёртвых планет,

В чёрной спине паука без прикрас
Похоть, лицо твоё мёртвых планет.
Кровь сквозь рубаху замёрзшую в лёд,
Снег как слеза из разбившихся глаз.

[ТЕМНА ТВОЯ ПЕСНЬ,
ЛИВЕНЬ ВЕСЕННЕЙ НОЧИ...]

[DUNKEL IST DAS LIED DES FRÜHLINGSREGENS
IN DER NACHT...]

Темна твоя песнь, ливень весенней ночи,
Проливень розовых груши соцветий под тучами
Выходки сердца, безумный голос ночи.
Огненных ангелов лёт из погасших глаз.

[ПТИЦА ЧТО ДОЛГО В ПРОХЛАДЕ МРАЧНОГО КАМНЯ ЖИЛА…]

[GESTALT DIE LANGE IN KÜHLE FINSTERN STEINS GEWOHNT…]

Птица что долго в прохладе мрачного камня жила
Открывает поёт когда бледный рот
Круглые совиные глазки — Поющее Золото.

Разрушенной и пустой нашли они пещеру леса
Тень оленихи в прелых ветках
На опушке источника мрак его детства.

Долго птица у края леса поёт твой закат
Бурого плаща твоего ужасная дрожь;
Тень совы появляется в прелых ветках.

Долго птица у края леса поёт твой закат
Синего плаща твоего ужасная дрожь;
Тень матери появляется в острой траве.

Долго птица у края леса поёт твой закат
Чёрного плаща твоего ужасная дрожь;
В зеркале источника появляется тень вороного.

И вот настоящий Тракль, разве что неизданный, по разным причинам, где третье упоминание оленихи *(Hirschkuh)* в стихах Тракля позволяет нам увидеть, что происходило в черновиках, прежде чем она попала в первое стихотворение сборника 1913 года.

[DELIRIEN]
(2-я редакция)

[DELIRIEN]
(2. Fassung)

1. (отсутствует)

2.

Тёмные толки воды: лоб у ночи во рту,
Стонет в чёрных подушках розовая тень человека,
Красные пятна осени, в старом парке шуршание клёна,
Камерной музыки на ветшающих лестницах умиранье.

3.

С крыш чёрный кал весь божий день стекал.
Твой мозг пронзает красный палец; иней
Фирн вечный снег плывет в мансарду синий,
Свет любящих, умерших свет зеркал.

DELIRIUM

DELIRIUM

С крыш чёрный снег весь божий день стекал;
Твой мозг пронзает красный палец; иней,
Фирн в голых комнатах, снег вечный, синий —
Снег любящих, умерший свет зеркал.
Лоб на куски рассыпался, взалкал
Теней и снега в зеркале, богини
Смерть, девки сон, улыбки, голой, синей.
В гвоздиках ветер плакал, вечер спал.

(У КРАЯ СТАРОЙ ВОДЫ)

AM RAND EINES ALTEN WASSER
['Am Rand eines alten Brunnens', 1. Fassung]
(Dunkle Deutung des Wassers…)

Тёмные толки воды: лоб у ночи во рту,
Стонет в чёрных подушках розовая тень человека,
Красные пятна осени, клён в старом парке, шелест,
Камерной музыки на ветшающих лестницах умирание.

(У КРАЯ СТАРОГО КОЛОДЦА)
(2-я редакция)

AM RAND EINES ALTEN BRUNNENS
(2. Fassung, Dunkle Deutung des Wassers…)

Тёмные толки воды: лба осколки у ночи во рту,
Стонет в чёрных подушках мальчика синяя тень,
Красные пятна осени, в старом парке шаги,
Камерной музыки умиранье на лестнице винтовой.
То ль это месяц по ступеням взбирается тихо.
Нежный голос монахинь в разрушенной церкви,
Медленно открывается синий сосуд для даров,
Падают звёзды в твои костлявые руки,
То ли идёшь по оставленным комнатам,
Синий звук флейты из лещины — чуть слышно.

(У КРАЯ СТАРОГО КОЛОДЦА)
(3-я редакция)

AM RAND EINES ALTEN BRUNNENS
(3. Fassung, Dunkle Deutung des Wassers…)

Тёмные толки воды: лба осколки у ночи во рту,
Стонет в чёрных подушках мальчика синяя тень,
Шуршание клёна, шаги в старом парке.
Камерной музыки умирание на лестнице винтовой,
То ль это месяц, что тихо вверх по ступеням.
Нежный голос монахинь в разрушенной церкви,
Синий с Дарами ларец открывается медленно,
Падают звёзды в твои костлявые руки,
То ли идёшь по оставленным комнатам,
Синяя флейта в лещине поёт — еле слышно.

ВДОЛЬ СТЕН

AN MAUERN HIN

Заросшая дорожка вдоль
Унылых стен, сады заброшены.
Тысячелетние тисы вихрем взъерошены,
Что взлетает и падает пением воль.

И мотыльки танцуют, к концу близки.
В слезах впиваю тени, блики.
И призрачны далёкие девичьи лики,
Прозрачные — по синеве — мазки.

Луч солнечный улыбкой изнемог.
Иду не торопясь куда-то я.
Любовь проводит, вечно провожатая.
И тих в надгробии зелёный мох.

I

БЛЕДНОЕ НЕЧТО…

I

EIN BLASSES…

I

Бледное нечто, покоясь в тени одряхлевших мостков —
А оно поднимается ночью, серебряный облик,
И под сводами галереи проходит.

В прохладе дерева и в отсутствие боли
Дышит Совершенное
Не нуждаясь в осенних звёздах —

Терние, куда звезда падает.
Её печальное падение
Любящие не скоро ещё забудут.

. . .

МОЛЧАНЬЕ УМЕРШИХ В ЗАБРОШЕННЫЙ САД ВЛЮБЛЕНО

DIE STILLE DER VERSTORBENEN LIEBT DEN ALTEN GARTEN

Молчанье умерших в заброшенный сад влюблено
Безумная, что в синих комнатах проживала,
По вечерам у окна появляется тихий облик

Но по жёлтой портьере спустившийся —
Ручеёк стеклянных бус напомнил о нашем детстве,
Ночью нашли мы в лесу чёрный месяц

В синеве зеркала нежные звуки сонаты
Долгие объятия
Её улыбка по устам умирающего скользит.

УХОДЯТ В БОЛОТО СТУПЕНИ
И РОЗОВО СВЕТЯТ НА ДНЕ...

MIT ROSIGEN STUFEN SINKT INS MOOR
DER STEIN...

Уходят в болото ступени и розово светят на дне
Улыбка черна и поёт провожатый
И ходит по комнате взад-вперёд абрис теней
И в чёрном челне Смертный час ухмыляется клятый

Пират на канале расплывшийся в красном вине
Вся в трещинах мачта и парус свисает лохматый.
Багряно безумцы сигают с моста. и на дне
Стальной окрик стражи грохочет поддатой

Бывает, что взгляд находит свечу всё равно
У ветхих стен за тенями влекущийся в муке
Танцовщики, их и во сне не расцепятся руки.

Ночь о голову бьётся твою разбиваясь черно
Покойники перевернувшись в постели в разлуке
Осколками мрамора режут разбитые руки

СИНЯЯ НОЧЬ НА ЛБАХ НАШИХ НЕЖНО РАСКРЫЛАСЬ...

DIE BLAUE NACHT IST SANFT AUF UNSREN STIRNEN AUFGEGANGEN...

Синяя ночь на лбах наших нежно раскрылась.
Пальцы истлевшие соприкасаются тихо
Радость-невеста!

Как же мы ликом бледны, жемчужины лунные
Сплавились воедино в пруду на зелёном дне.
И окаменев на наши звёзды глядим.

О Нестерпимое! Боль. Грешные бродят в саду
Тени, так дико обнявшись,
Что не на шутку разгневалось дерево-зверь и над ними склонилось.

Нежны созвучия, когда мы в хрустальных волнах
Через молчащую ночь проплываем
Розовый ангел встаёт из могил, где любовники спят

О ОБИТАНИЕ В ТИШИНЕ БРЕЗЖУЩЕГО САДА...

O DAS WOHNEN IN DER STILLE
DES DÄMMERNDEN GARTENS...

О обитание в тишине брезжущего сада,
Когда глаза сестры темно и кругло во брате открылись,
Багрянец их разломанных губ
В прохладе вечера сплавился воедино.
Разрывающий сердце час.

Сентябрь налил зрелостью золотые груши. Сладок ладан
И горит георгин на ветхом заборе
Скажи! где мы были, когда в чёрной лодке
Переплывали пруд на закате,

И перелетал его журавль. Стыли руки,
Чёрное обхватив, и внутри текла кровь.
И влажная синева у наших висков. Бедный ребёнок.
Из глубины понимающих глаз: мальчик? девочка? — тёмный пол.

Последняя строка:

Tiefsinnt aus den wissenden Augen ein dunkles Geschlecht.

Можно понимать как минимум в нескольких смыслах: тёмное (мрачное) племя, дурное поколение, но и как «неясный пол» (мальчик или девочка). Особенно если сопоставить со второй строкой «когда глаза сестры темно и кругло во брате открылись».
См. комментарии к ст. *«Песнь страны заката».*

ВЕЧЕРОМ

AM ABEND

Синий ручей, тропа и закат, мимо изб обветшалых.
За тёмными кустами в синие и красные шары играют дети;
Их лики меняют цвет, и руки гниют в бурых листьях.

В костяной тишине сверкает сердце Одинокого,
Колышется лодка на чёрных волнах.
За тёмными ветками взлетают волосы бурых служанок и смех.

Тени стариков осеняют крестом полёт малой птахи;
На висках у них тайна синих цветов.
Иные же в вечернем ветре качаются на чёрных скамейках.

Золотистые стоны тихо гаснут в лысых ветках
Каштана; тёмные цимбалы лета звенят,
Когда Странница появляется на лестнице обветшалой.

Примечательно, что Странница (она же сестра) появляется здесь точно так же, как и в некоторых других текстах (см. *ст. «Судный день»*) «на обветшалой лестнице» (*auf verfallener Stiege*), одном из любимых мест. Часто он сам там сидит на ступеньках и ждёт её появления (и едва ли не умирает от шума её платья «на лестнице винтовой»). Странница и Одинокий — фигуры надмирные (внемирные), но что ещё интереснее, реальность других под большим знаком вопроса. Что подчёркивается словом *verfallen* «обветшалый» в самом начале и в самом конце, которое собирает композицию разрозненных частей в единое целое. Описываемый мир пронзительно прозрачен (поскольку призрачен), смысловым и символическим центром его выступает сердце Одинокого, ирреальность пейзажа оттеняется сезонными несоответствиями, стихотворение медитативно, постепенно приглядываясь, начинаешь видеть напластования времён и слои пространств, часто повторяющиеся эпитеты (в том числе цветовые) усиливают впечатление дежавю, взгляд всё время вынужден проходить сквозь кусты и ветки, всё шатается, качается, колеблется и (вз)летает. Строфика (безрифменные терцеты) вносит свой вклад в ощущение неустойчивости. Хочется снова и снова возвращаться к нему. Звук включается в середине поначалу «немого кино» (смех и стоны заканчиваются цимбалами). Царит синестезия. Приход сестры изящно предвещается анжамбеманом каштана. Почему ветки у него лысые, совсем уже не загадка.

СУДНЫЙ ДЕНЬ

GERICHT

Хижины детства снёс листопад,
Осень: фигуры тёмные, звуки,
Лики. Поющие матери. Сад.
Angelus в окнах, заломлены руки.

Мертворождёность: земля зелена,
Тайна цветов голубых; и молчанье.
Губы багряны безумного сна:
Dies irae. Могила. Молчанье.

Руки в зелёном терновнике. Тень.
Сон: кровохарканье, хохота жвачка.
В пламени — крыша, в листве — новый день,
В лодке над бездной страшная качка.

Белая тень. На мостках, в стороне,
Странница видит чужое жилище:
Бедный страдалец в синем огне,
Лилий и крыс гниющая пища.

Варианты перевода:

*Белою тенью, перед собою
На лестнице Странница видит: в томлении,
Грешник, вчарованный* в Голубое,
Крысам и лилиям своё отдал тление.*

Удачнейшая находка Ольги Бараш без этого слова тут, пожалуй, не обойтись. Разве что:
*...в томлении,
Грешник, влекущийся в Голубое...*

Примерную дату стихотворения можно установить по аранжировке и функциям цветовых метафор, рифмовке и расшатанности метра: скорее всего, это 1913 год.
Angelus — католическая молитва.
Поющие матери — образ, заимствованный у Метерлинка.

---

*   **versehnt* как «вчарованный»

Im Schlaf — там, где речь о сновидении, Тракль всегда говорит прямо: это *Im Schlaf*, во сне.

Der Traum в его речевом обороте чаще всего — видение, то есть то, что происходит наяву. Другими словами, Судный день ему именно снится, а не видится, он не пророк и не апостол.

Der fremden — сравнительный анализ всех текстов Тракля даёт основание предположить, что в оригинале ошибка, возможно, идущая от небрежности автора. Должно быть der *Fremden*, то есть белая тень принадлежит Страннице. Мостки (*Stiege*) и сестра, которая в этом стихотворении носит имя *die Fremde* (не в первый и не в последний раз), а в другом, например, «друг», а в третьем называется сама собой, то есть, «сестрой», довольно устойчивый сквозной образ.

Бедный страдалец — так Георг определяет себя, предсказывая себе, грешнику, страшную участь в последний День — быть отданным на растерзание лилиям и крысам. Кто взирает на это всё? Конечно же Сестра-Странница.

САД СЕСТРЫ
(1-я редакция)

SCHWESTERS GARTEN

(1. Fassung)

Свежеет, поздно, вечер тих,
И осень в мире целом,
В саду сестры — сад кроток, тих,
И шаг её стал белым.
Безумный чёрный дрозд затих,
И осень в мире целом,
В саду сестры — сад кроток, тих;
И ангел встал весь в белом.

САД СЕСТРЫ
(2-я редакция)

SCHWESTERS GARTEN
(2. Fassung)

В саду сестры — сад кроток, тих,
Синь Красное цветов иных
И шаг её стал белым
Безумный чёрный дрозд затих,
В саду сестры — сад кроток, тих;
И ангел встал весь в белом.

. . .

ВЕТЕР, БЕЛЫЙ ГОЛОС...
(1-я редакция)

WIND, WEISSE STIMME...
(1. Fassung)

Ветер, белый голос, шепчущий на висках спящего
В гнилых ветвях в свои багряные волосы зарылось Тёмное
Долгие вечерние колокола, утонувшие в иле пруда
И склонившиеся над ними жёлтые цветы лета.
Концерт шмелей и синих мух в буйной траве и одиночество,
Где прежде трогательно шагала Офелия
Нежные повадки безумия. Опасливо вздымается Зелёное в тростнике
И жёлтые листья кувшинок, разлагается падаль в жаркой крапиве
Просыпаясь порхают вокруг спящего детские подсолнухи.

Сентябрьский вечер, или тёмные зовы пастухов,
Дух чабреца. Пылающее железо в кузнице брызжет
Мощно взвился на дыбы чёрный конь... гиацинтовые кудри служанки
Млеют от его пышущих страстью багряных ноздрей.
У жёлтой стены коченеет крик куропатки ржавеет
в навозной жиже плуг

Тихо струится красное вино, нежная гитара в трактире.
О смерть! Больной души разрушенный свод молчание и детство.

Порхают летучие мыши: тёмные лица.

ВЕТЕР, БЕЛЫЙ ГОЛОС...
(2 редакция)

WIND, WEISSE STIMME...
(2. Fassung)

Ветер, белый голос, шепчущий у виска охмелевшего;
Истлевшая тропа. Долгие вечерние колокола утонули в иле пруда
И склонившиеся над ними жёлтые цветы лета,
                          безумными колыхаются лицами
Летучие мыши.

Родина! Вечерне-розовые горы! Покой! Чистота!
Коршуна крик! Одиноко темнеет небо,
Тяжко никнет голова на опушке.
Восходит из мрачных ущелий ночь.

Просыпаясь порхают вокруг спящего детские подсолнухи.

ТАК ТИХО ЗВЕНЯТ…

SO LEISE LÄUTEN

Так тихо звенят
На закате синие тени
У белых стен.
Молча склоняется осенний год.

Час бесконечной тяжёлой печали,
Будто смерть вокруг тебя вижу.
Дует с созвездий
Сквозь твои волосы снежный ветер.

Тёмные песни
Поёт во мне твой багряный рот.
Молчаливая хижина нашего детства,
Забытые предания.

Будто я нежный зверь
В хрустальной волне обитаю
Прохладного источника
И цветут фиалки вокруг

РОСА ВЕСНЫ, ЧТО С ТЁМНЫХ ВЕТВЕЙ…

DER TAU DES FRÜHLINGS

Роса Весны, что с тёмных ветвей
Ниспадает, — приходит ночь
С лучами звёзд, когда ты свет позабыл.

Под терновым сводом лежишь ты, и шип
Входит в хрустальное тело глубо́ко,
Так что огненней душа ночи тебе обручается.

Звёздами убрала себя невеста,
Чистый мирт,
Склоняющийся над молитвенным ликом покойника.

Полный цветущего трепета,
Укрывает тебя наконец синий плащ Госпожи.

О ОБЛЕТЕВШИЕ БУКИ И ЧЕРНЕЮЩИЙ СНЕГ...

O DIE ENTLAUBTEN BUCHEN
UND DER SCHWÄRZLICHE SCHNEE

О облетевшие буки и чернеющий снег.
Тихо Норд веет. Здесь по бурой тропе
Много лун назад Тёмное ушло.

Одинокое осенью. Всё падают снежинки
В голые сучья
В сухой тростник; зелёный хрусталь поёт в пруду

Очищена хижина от соломы; что-то Детское
В шуме берёз от ночного ветра.
О дорога, тихо замерзающая во тьму.
И жительство в розовом снеге

НОВАЛИСУ
(1-я редакция)

AN NOVALIS

(1. Fassung)

В хрустальной земле упокоившись, Странник Святой,
С тёмных уст его некий бог жалобу снял,
Когда он во цвете слёг
Мирно игра умерла его лирная
В тихой груди,
Бог Весны свои вайи перед ним расстелил,
Когда он нетвёрдым шагом
Молча ночной дом покинул.

[НОВАЛИСУ]
(Редакция 2a)

[AN NOVALIS]
(Fassung 2a)

В тёмной земле покоится Странник святой.
С нежных уст снял Господь его жалобу,
Когда он, во цвете, пал.
Синий цветок,
Не умолкает песнь его в ночном доме скорби.

НОВАЛИСУ
(Редакция 2б)

AN NOVALIS
(Fassung 2b)

В тёмной земле покоится Странник святой.
В нежном бутоне
Божественный дух юноши цвёл,
Лирный голос хмельной
И в розовой завязи смолк.

ЧАС СКОРБИ

STUNDE DES GRAMS

Чернея в осеннем саду, влечётся и тянется шаг
За блестящей луной,
У стылой стены опустилась могучая ночь.
О, терновый час скорби.

Серебристо колеблется в брезжущей комнате свеча Одинокого,
Умирая, когда тот замышляет Тёмное
И каменная голова склоняется над Преходящим,

Хмельная вином и сладкозвучием ночи.
И влечётся без устали слух
За нежным в лещине плачем дрозда.

Тёмный час молитвы над чётками. Кто ты,
Одинокая флейта,
Стынущий лик, склонившийся над мрачными временами.

[НОЧНАЯ ЖАЛОБА]
(1-я редакция)

[NÄCHTLICHE KLAGE]
(1. Fassung)

Ночь над разворошёнными лбами встала
С чудесными звёздами
На холме, где ты от боли окаменев лежал,

Дикий зверь терзал в саду твоё сердце.
Огненный ангел
Лежал ты с проломленной грудью на каменистом поле,

Или ночная птица в лесу
Бесконечная жалоба
Бесконечно вторя самой себе в тернистых ветках ночи.

НОЧНАЯ ЖАЛОБА
(2-я редакция)

NÄCHTLICHE KLAGE
(2. Fassung)

Ночь над разворошёнными лбами встала
С чудесными звёздами
Над ликом, окаменевшим от боли,
Дикий зверь терзал сердце Любящего
Огненный ангел
Пал с проломленной грудью на каменистое поле,
Коршун снова и снова взлетал.
Горе в бесконечной жалобе
Мешается огонь, земля и синий источник

ИОАННЕ

AN JOHANNA

Часто шаги твои
На улочках слышу
В коричневом садике
Синеву твоей тени.

В брезжущей листве
За вином сидел молча.
Капля крови
Скатилась с виска твоего

В поющий бокал мой
Час нескончаемой тяжёлой печали.
Веет с созвездий
Сквозь листву снежный ветер.

Всякую смерть претерпит
Ночь бледный человек.
Твой багряный рот
Живёт во мне раной.

Как будто спустился с зелёных
Еловых холмов я и сказания
Нашей родины,
Давно уж нами забытой —

Кто же мы? Синяя жалоба
Лесного ключа замшелого,
Где фиалки тайно
Благоухают весной.

Мирная деревня летом
Охраняла некогда детство
Нашего рода,
Умирая теперь на вечер-

нем холме белые внуки
Видим во сне мы страхи
Нашей крови ночной
Тени в городе окаменевшем.

МЕЛАНХОЛИЯ

MELANCHOLIE

Где синяя душа молчит закрыта
В окно струится бурый лес, молчат
Там звери тёмные, на мельнице стучат
Колёса, облака спят на мостки пролиты,

Златые Странники. Коней копыта
В деревню — красно так. Коричнев сад
Замёрзла астра, на столбах оград
Подсолнух — золотом, размяк, размытый.

Служанок голоса; роса пролита
На жёсткость трав, звёзд белых холод, ад,
В тени дражайшей смерть — рисунком чад,
В слезах лицо и навсегда закрыто.

ПРОСЬБА
(1-я редакция ст. «К Люциферу»)

BITTE
(An Lucifer 1. Fassung)

Пошли огонь свой Духу, пусть он терпит,
И чёрной полночью пленённый ронит стон,
На мартовском холме, где появился он,
Тот нежный Агнец, что и боль и язвы терпит;
О свет и шар, Любовь претерпит страх,
Восходит в сердце, Нежное претерпит
Чтобы земной сосуд разбился в прах.

ПРОСЬБА

(2-я редакция ст. «К Люциферу»)

BITTE

(An Lucifer 2. Fassung)

Пошли огонь свой Духу, пусть он терпит,
И чёрной ночью возлежит пленён
Пока не явит себя кроткий он
Грешному миру, что вину претерпит;
Любовь которая подобно Свету,
Зажжётся в сердце, Нежное претерпит
Чтоб Смерти сосуд разбился в прах;
Замучен Агнец, в чьей крови и мир вину претерпит.

К ЛЮЦИФЕРУ
(Окончательная редакция)

AN LUZIFER
(An Lucifer 3. Fassung)

Духу отдай свой огонь, полыханье тяжёлой печали;
Стеная в полночь воздвигается голова,
На зеленеющем весеннем холме; где в довременье
Нежный Агнец кровоточит; глубочайшую боль
Претерпев; но ходит Тёмное за Тенью
Зла, или крыла свои влажные воздымает
К золотому диску Солнца и звон колокольный
Сотрясает его грудь, разорвавшуюся от боли,
Дикая Надежда; мрак огненного низвержения с неба.

ВОЗЬМИ, СИНИЙ ВЕЧЕР...

NIMM BLAUER ABEND...

Возьми, синий вечер, тихо Дремлющее виска
Под осенними деревьями, под облаком золотым.
Лес в созерцании; как если бы жил мальчик синий зверь
В хрустальной волне прохладного источника
Так тихо бьётся сердце его в гиацинотовых сумерках,
Скорбит тень сестры, её багряные волосы;
Трепещущие в ветре ночном. Провалившимися тропами
Ночебродит он и скорбит его красный рот
Под ветшающими деревьями; молча охватывает
Прохлада пруда Спящего, плывёт
Истлевший месяц над его чернеющими глазами.
Звёзды утонувшие в бурых дубовых ветвях.

[ВЕЧЕРОМ]
(1-я редакция)

[AM ABEND]
(1. Fassung)

Всё ещё жёлтым трава отдаёт, серым и чёрным то дерево
Но пылающим шагом идёшь ты у края леса,
Мальчик, чьи кругло глаза на солнце глядят.
О, как чудесны вскрики птиц восхищённых.

Река с гор сбегает холодная ясная
Поёт в зелёном укрытии; пение, пение,
Ты же ногами двигаешь как во хмелю. Прогулка дика

В синеве; призрак выходит из-за деревьев и горькой травы,
Посмотри на себя. О, Безумное! К Женственности любовь склоняется,
Синеватому, Текущему словно вода. Покой! Чистота!

Многое почка древесная тихо хранит, Зелёное!
                              Уже совсем потемневшее
Искупи влажной веткой заката, чело,
Шаг и тяжёлая скорбь согласно звучат под солнцем багряным.

[ВЕЧЕРОМ]
(2-я редакция)

[AM ABEND]
(2. Fassung)

Всё ещё жёлтым трава отдаёт, серым и чёрным тот лес;
Но на закате забрезжило в сумерках нечто Зелёное!
Река с гор сбегает холодная, ясная,
Поёт в укрытии скальном; пение, пение,
Ты же ногами двигаешь как во хмелю. Прогулка дика
В синеве; вскрики птиц восхищённых.
Уже совсем потемневшее ниже клонится
Чело над синеватой водой, Женственным;
Вновь закатившись в зелёные ветки заката
Шаг и тяжёлая скорбь согласно звучат под солнцем багряным.

ЗА МОЛОДЫМ ВИНОМ
(1-я редакция)

BEIM JUNGEN WEIN
(1. Fassung)

Пурпур солнца лёг на дно,
Ласточка умчалась к югу.
Свет вечерний, и по кругу
Ходит юное вино;
Смех, дитя, твой страшен.

Мир, ушедший в боль давно,
Позабыть на миг и вьюгу.
Свод вечерний — по кругу
Ходит юное вино;
Смех, дитя, твой страшен.

Стукнет ли звезда в окно,
Ночь ли шастает по лугу,
Тень легла на свод — по кругу
Ходит юное вино;
Смех, дитя, твой страшен.

ЗА МОЛОДЫМ ВИНОМ
(2-я редакция)

BEIM JUNGEN WEIN
(2. Fassung)

Пурпур солнца лёг на дно,
Ласточка умчалась к югу.
Свод вечерний, и по кругу
Ходит юное вино;
Снег не за горами.

Зелень лета — прочь давно,
Из лесу охотник — к лугу.
Свод вечерний — и по кругу
Ходит юное вино;
Снег не за горами.

Мышь летучая в окно,
Странник к нам идёт по лугу,
Свод вечерний — и по кругу
Ходит юное вино;
Смех, дитя, твой страшен.

КРАСНЫЕ ЛИЦА СГЛОТНУЛА НОЧЬ…

ROTE GESICHTER VERSCHLANG DIE NACHT

Красные лица сглотнула ночь,
У власяной стены
Ощупью детский скелет в тени
Охмелевшего, разбилась улыбка
В вине, полыхает печаль, тяжела,
Духовная мука — немеет камень
Синий голос ангела
В слухе Спящего. Распавшийся свет.

ВОЗВРАЩЕНИЕ ДОМОЙ

HEIMKEHR

Когда вечер навевает золотой покой
Лес и тёмный луг перед ним
Человек на земле — Созерцающее,
Пастух, живущий в брезжущей тишине стад,
Терпение красных буков;
Такой ясной тогда становится осень. На холме
Слушает Одинокий полёт птиц,
Тёмный смысл и тени покойников
Строже собираются вокруг него;
Содроганием наполняет его прохладный дух резеды,
Хижины хуторян бузина,
Где в Довременье жило Дитя.

Память, погребённую Надежду
Хранит бурая потолочная балка,
Откуда георгины свисали
Чтобы он руки тянул домогаясь,
В коричневом садике сияющий шаг
Запретная любовь, тёмный год,
Чтобы с синих век слёзы срывались
У Странника неудержимо.

С бурых крон капала роса,
Когда он синий зверь на холме очнулся,
Слушая громкую перекличку рабыков
У вечернего пруда
Уродливый писк летучих мышей;
Но в золотой тишине
Живёт сердце хмельное
Его возвышенной смерти сполна.

ВИДЕНИЯ
(1-я редакция)

TRÄUMEREI
(1. Fassung)

Нежно жизнь растёт в молчанье
Шаг и сердце сквозь кусты, —
Там где Любящее Ты, —
Полные благоуханья.

Помнит бук; тих колокол волгий
Песня парню по уму
Свет костра глотает тьму
Счастье потерпи путь долгий.

Радость дай в конце и тонкий
Смысл душевный молча ночь,
Золотым вином точь-в-точь
Руки синие сестрёнки.

ВИДЕНИЯ
(2-я редакция)

TRÄUMEREI
(2. Fassung)

Нежно жизнь растёт вокруг в молчанье
Шаги и сердце сквозь кусты, —
Там где Любящее Ты, —
Полные тяжёлым благоуханьем

Бук глубоко погружён в воспоминания. Влажные колокола
Онемели; парень поёт
Свет костра ищет тьму
О синяя тишина, потерпи!

Да и радость дай
Зеленеющая ночь Одинокого,
У которого погасла звезда,
Смех в багряном вине.

ВИДЕНИЯ
(3-я редакция)

TRÄUMEREI
(3. Fassung)

Влюблённые идут к зелёной ограде,
Что полнятся ароматами.
Вечером возвращаются весёлые гости
С брезжущей улицы.

Задумчивый каштан в саду трактира.
Влажные колокола молчат.
Парень поёт у реки. — Свет костра, ищущий тьму —
О синяя тишина! Терпи!
Когда всё расцветёт.

Но и радость дай
Ночь тому, кто без роду, без племени,
Непостижимую тьму,
Золотой час в вине.

ПСАЛОМ II

(«Тихо; как если б слепые упали...»)

PSALM II

(Stille; als sänken Blinde an herbstlicher Mauer hin...)

Тихо; как если б слепые упали у осенней стены
Висками увядшими чуя кружение воронов;
Золотое молчание осени, меж деревьями
в промельках солнца Отчий лик,
В покое мирных дубов тихо тлеет под вечер ветхая деревушка,
Красный в кузнице стук, неугомонное сердце.
Тихо; в долгие руки роняет служанка гиацинтовый лоб
В беспокойных подсолнухах. Страх и молчание
Угасших глаз наполняют тёмную комнату, неуверенный шаг
Дряхлых старух, проклятье с багрового рта,
и он долго не гаснет во тьме.
Тихий закат в винограднике. С низкого потолка
Ночной бабочкой нимфа упала, погребённая в синий сон.
Во дворе батрак забивает ягненка. Сладкий запах крови
Обволакивает наши лбы, тёмная прохлада источника.
Соболезнуя гибнущим астрам, летят голоса золотые.
Когда будет ночь, ты станешь смотреть на меня
из полуистлевших глазниц,
В голубой тишине разобьётся лицо твое в пыль.

Так тихо сорняк занявшийся гаснет, цепенеет селенье в земле,
Как если бы с синей Голгофы скатился крест.
Как если бы молча земля выкинула мертвецов.

[ОСЕННЕЕ ВОЗВРАЩЕНИЕ]
(Редакция 1б)

[HERBSTLICHE HEIMKEHR]
(Fassung 1b.)

Память, погребённую Надежду
Хранит бурая потолочная балка,
Откуда георгины свисали
Всё более и более тихое возвращение,
Распадом тронутый сад тёмный отблеск
Прошедших лет,
Так что с синих век слёзы срывались
У Странника неудержимо.

ОСЕННЕЕ ВОЗВРАЩЕНИЕ
(2-я редакция)

HERBSTLICHE HEIMKEHR
(2. Fassung)

Память, погребённую Надежду
Хранит бурая потолочная балка,
Откуда георгины свисали
Всё более и более тихое возвращение,
Распадом тронутый сад тёмный отблеск
Прошедших лет,
Так что с синих век слёзы срывались
Неудержимо.
О Любимое Ты!
Уже капает со ржавого тополя
Листва, чьё сияние льётся через край тяжёлой печали
Хрустальные минуты
К Ночи

ОСЕННЕЕ ВОЗВРАЩЕНИЕ
(3-я редация)

HERBSTLICHE HEIMKEHR
(3. Fassung)

Память, погребённую Надежду
Хранит бурая потолочная балка,
Откуда георгины свисали
Всё более и более тихое возвращение,
Распадом тронутый сад тёмный отблеск
Детских лет,
Так что с синих век слёзы срывались
Неудержимо.
Сияние, льющее через край тяжёлой печали
Хрустальные минуты
К Ночи.

[СКЛОНЕНИЕ]
(1-я редакция)

[NEIGE]
(1. Fassung)

О бестелесная встреча
В прежней осени!
Так тихо облетают жёлтые розы
На садовой ограде,
Растаяла в слезах
Великая боль.
Так кончается день золотой.
Дай мне руку любимая сестра
В вечерней прохладе.

[СКЛОНЕНИЕ]
(2-я редакция)

[NEIGE]
(2. Fassung)

О бестелесная встреча
В прежней осени.
Жёлтые розы
облетают на садовой ограде.
В тёмные слёзы
Растаяла великая боль,
О сестра!
Так тихо кончается день золотой.

ВОЗРАСТ

LEBENSALTER

Всё бесплотней сияют дикие
Розы садовой ограды;
О затихшая душа!

В прохладной листве винограда
Пьёт негу хрустальное солнце;
О святая чистота!

В благородных руках старика
Созревшие плоды.
О любви исполненный взгляд!

ПОДСОЛНУХИ

DIE SONNENBLUMEN

Вы, золотые подсолнухи,
Вы, что в душе уже клонитесь к смерти,
Вы, смиренные сёстры,
В вашем безмолвии
Кончается Год Гелиана —
Год живительной горной прохлады.

Так бледнеет от поцелуев
Хмельное чело его
Посреди золотых
Цветов тяжёлой печали —
И это всё он: это дух
Молчаливого мрака.

ТАК СТРОГО О ЛЕТНИЙ...

SO ERNST O SOMMERDÄMMERUNG...

Так строго о летний брезжущий вечер.
С усталых уст твоих
Золотое дыхание пало в долину
К стойбищам пастухов,
Пропадая в листве.
Коршун взлетает с опушки леса
Окаменевшая голова —
Взгляд орла
Лучом пронзает серое облако
Ночи.

Дико вспыхивают
Красные розы ограды
Вспыхнув умирает
В зелёной волне живущего
Побледневшая роза

2.4

ДРУГИЕ РЕДАКЦИИ ОПУБЛИКОВАННЫХ ПРИ ЖИЗНИ СТИХОТВОРЕНИЙ [*]

DOPPELFASSUNGEN DER ZU LEBZEITEN PUBLIZIERTEN GEDICHTE

---

[*] *В этом разделе по возможности сохранена авторская пунктуация для более наглядного изображения чернового характера текстов.*

КРАСОЧНАЯ ОСЕНЬ
(2 ред. ст. «Музыка в Мирабеле»;
см. окончат. ред. в «Стихотворения», 1913)

FARBIGER HERBST
(2. Fassung Musik in Mirabell)

Родник взял ноту. Облака
В лазури ясной — белоснежны.
Безмолвные, в руке — рука,
В саду гуляют пары нежно.

Седой кладбищенский гранит
И птичий клин хитросплетений.
И фавн мертво туда глядит,
Где в тьму переползают тени,

И — красно — с дерева, падуч,
Летуч, в окно вдруг лист влетает.
И огненный в пространствах луч,
Рисуя призрак страха, тает.

И над травой, как мутный опал,
Ковёр ароматов в увядании долгом.
Серп месяца в фонтан попал,
В мёрзлом воздухе зелёным осколком.

ВИДЕНИЕ ДУХА ЗЛА
(2-я редакция)

TRAUM DES BÖSEN
(2. Fassung] (O diese kalkgetünchten, kahlen Gänge…)

О эта известь в переходах, кабы
Не солнца чёрные руины — руки,
Скелет и тени носятся, к разлуке,
В порту гробы, канаты, мачты, крабы.

Там паника: монах, на сносях баба.
В каютах грязный гвалт. Гитары звуки.
Каштаны в золотой одышке муки.
Убор церквей скорбит черно и слабо.

Под маской выцветшей Дух Зла таится.
Летит во мрак лик площади сожжённой.
На островах — закат и шёпот жаркий.

И видит ясный знак в полёте птицы —
Что к ночи он истлеет — прокажённый.
Брат и сестра дрожат в заглохшем парке.

ВИДЕНИЕ ДУХА ЗЛА
(3-я редакция)

TRAUM DES BÖSEN
(3. Fassung, Verhallend eines Sterbeglöckchens Klänge...)

Звон траурный затих, а был он, дабы
Влюблённый вздрогнул в чёрном сне разлуки —
В каморках чёрных: парус, мачты, руки,
По щёкам скачут огненные жабы.

Там паника: монах, на сносях баба.
Бушлаты красные. Гитары звуки.
Каштаны в золотой одышке муки.
Убор церквей скорбит черно и слабо.

Под маской выцветшей Дух Зла таится.
Летит во мрак лик площади сожжённой.
На островах — закат и шёпот жаркий.

И видит ясный знак в полёте птицы —
Что к ночи он истлеет — прокажённый.
Брат и сестра дрожат в заглохшем парке.

ТИХО

(Редакция 1-я ст. «Меланхолия»; 2-я ред. в Doppelfassung. Окончательная ред. в сборнике «Стихотворения», 1913)

LEISE

(Fassung: 1. zu «Melancholia», Zur Zweitfassung 'Melancholia' im Nachlass und Endfassung 'Melancholie' in 'Gedichte' 1913)

На сжатом поле чёрный ветер бурный
Печальные цветут фиалок краски
Мысль обвевает мозг ненастный бурный
К забору астры льнут мертвеют краски
Подсолнухи гниют чернея бурно
В синь грима в васильки распались краски
Звон колокольный трепетный и бурный
И гибель резеды флёр чёрной краски
Решёткой тени лоб наш метят бурный
Он в васильковые распался краски
В подсолнухи гниющие бравурно
И в астры бурые в забора мертвы краски

МЕЛАНХОЛИЯ
(2-я редакция)

MELANCHOLIA

(Fassung: 2)

Синеет тень. Глаза, что плыли рядом
Как вы темны! — глядясь в меня. Рекою
Гитары льются, осень льёт тоскою, —
В саду, что растворён гнильём и ядом.
Там смерти строгий мрак ласкать рукою
Припала нимфа, тронуты распадом
Багряные сосцы и губы ядом
Мальчика-солнца, локоны — рекою.

На сжатом поле чёрный ветер бурный
Печальные цветут фиалок краски
Мысль обвевает мозг ненастный бурный
К забору мертвые льнут астр гнилые краски.
Подсолнухи гниют чернея бурно;
Душа молчит, и мечется сумбурно
В пустынных комнатах и в тёмных красках.

[ПРЕВРАЩЕНИЕ]
*(1-я редакция; окончательная редакция ст. «Превращение»
в сборнике «Стихотворения», 1913)*

[VERWANDLUNG]
(1. Fassung. Zu Verwandlung Zur Endfassung in 'Gedichte' 1913.)

Осенний холод: серый полог — вход.
Здесь жизнь простая, спорая в работе.
И в нежный Бога взгляд — плывёт в заботе
Рук человека — золотое: плод.

Он по земле идёт: горит закат,
В дубов молчанье шум шагов тяжёлый,
И листья с веток падают всё, голой
Душа замёрзла в чёрном, о распад.

Перед корчмой сам Упокой поёт,
Из уст его струится горечь *piano*,
Плод бузины, звук мягкий тихий пьяный,
За Одиноким тихо зверь идёт.

ВЕСЁЛАЯ ВЕСНА

(1-я редакция. Окончательная редакция в сборнике «Стихотворения», 1913)

HEITERER FRÜHLING

(Fassung: 1. Zur Endfassung in 'Gedichte' 1913.)

Когда зазеленев течёт ручей
В закат, — весна: шум в ивах, пьян рогоз.
И синий воздух полон грёз
Цветения, в ночь ливень льётся чей.

На тихих изгородях ветер влёт
Путь звёздный Одинокого следит.
В господнем лоне сон озимых спит,
Лес, звери, мягкость, нежность, тает лёд.

Едва качаются серёжки ив.
Солдат мотив заводит и грустит.
Полоска луга бледно шелестит,
Ребёнка в мягких контурах сокрыв.

Берёзы в дым, а чёрный тёрн ослаб.
А от людей и очертаний нет.
Светло Зелёный: в гниль, и здесь же — в цвет,
На гиацинтах — жарки свадьбы жаб.

Тебя люблю я, прачка на реке!
Тяжёлой баржей — золото небес.
Блеснула рыбка, миг — и след исчез,
Лик восковой мертво течёт в ольхе.

Вдоль изгородей ниже, тише край.
Безумствует на ветке соловей.
Озимый взбухший колос — тяжелей,
Угрюмых пчёл трудолюбивый рай.

Иди, любовь, к нему! Батрак встаёт.
У хижины его — прохладный луч.
Лес сквозь закат — белёс, тягуч, пахуч,
И почки лопаются — вот, и вот.

Как становленье всякое болит!

И словно жар в бреду вокруг пруда...
Дух нежности, нас заманив сюда,
Витает в ветках, льнёт к нам и томит.

Цветёт и мягко истекает сок,
И Нерождённое — покоясь тут.
Любимые к звезде своей цветут:
Дыханье слаще их, поток высок.

Всё истинно — всё, что болит, чем жив...
И что живёт. Могильный камень, да.
Поистине: «Я с вами — навсегда».
Уста — что трепет серебристых ив.

[ТОСКА]
(2-я редакция. 1-ю редакцию см. в «Gedichte» 1913)

[TRÜBSINN]
(2. Fassung, In Schenken träumend oft am Nachmittag...)

Я в кабаках, видений полн, в дыму:
В садах, сожжённых октябрём, хмельной
Здоровается Смертный час со мной,
И в тёмной клетке дрозд поёт ему.

Вот розовый малыш из синевы,
Черно блестят прозрачные зрачки.
И Золотое — каплет с веточки.
И вихрь взметает Красное листвы.

Блестит Сатурн. Ручей во тьме шумней.
Покойного приятеля рука
Синея, гладит лоб — ни ветерка.
А свет зажжёшь, сонм — в бузине — теней.

ПСАЛОМ I
(«Се — свет, и ветер его погасил»)
(Ранняя редакция; окончательная редакция
в сборнике «Стихотворения», 1913)
Подношение Карлу Краусу

PSALM I

Es ist ein Licht, das der Wind…
Psalm (Fassung 1: — Zur Endfassung in 'Gedichte' 1913)
Karl Kraus zugeeignet

Се — свет, и ветер его погасил.

Се — кабак, его же покинул вечером пьяница.

Се — виноградник, прожжённый до чёрных дыр, где кишат пауки.

Се — космос, который они молоком побелили.

Помешанный умер. Се — остров на южном море:

Дабы здесь бога-Солнца приветствовать.

Бьют в барабаны. Мужчины в воинственных танцах.

Женщины качают бёдрами среди вьюнков и огненных маков,

Когда море поёт. О! наш потерянный Рай.

Нимфы покинули золотые леса. Погребение Странника.

И сразу затем светящийся дождь.

Сын Пана является в образе дорожного рабочего,

Чей послеполуденный сон на раскалённом асфальте всё длится

и длится.

Се — маленькие девочки во дворе, в нищих платьицах,

разрывающих сердце.

Се — комнаты, наполненные аккордами и сонатами.

Се — тени, в объятиях перед ослепшим зеркалом.

В окнах больницы греются на солнышке выздоравливающие.

Белый пароход на канале тащит за собой кровавые эпидемии.

В чьих-то злых видениях снова является чужая сестра.

Покоясь в лещине, играет она с его звёздами.

Студент, быть может, двойник долго смотрит ей вслед из окна.

За ним стоит умерший брат. в тёмной комнате могут

твориться странные вещи.

В красных гиацинтах бледнеет фигура юной сиделки.

Сад погружается в вечер. в крытой галерее порхают летучие мыши.
Дети привратника, игры забросив, ищут золото неба.
Оно рассеивается как облако. Слепой мальчик повесился

среди листвы.
В стеклянном доме расплываются бурые и синие краски.

Это закат, к которому мы идём.

Там, где были вчерашние мёртвые, ангелы скорбят с разбитыми

белыми крыльями.
Демоны с горящими лбами бродят под дубами.
В болоте молчит ушедшая растительность.
Се бормочущий ветер — Бог покидает скорбные места.
Церкви погибли, в нишах свили гнездо себе черви.
Лето сожгло хлеба. Пастухи удалились.
Где ни пройдёшь, касаешься прежней жизни.
Мельницы и деревья пустеют в вечернем ветре.
В разрушенном городе ночь разбивает чёрные шатры.

Какая же тщета на этом всём!

[БЛИЗОСТЬ СМЕРТИ]
(1-я редакция; окончательная редакция — стихотворение «Гелиан» в сборнике «Стихотворения», 1913)

[NÄHE DES TODES]
(Fassung: 1. Zur Endfassung in 'Gedichte' 1913)

Долго внимает монах умирающей птице на опушке леса
О близость смерти, кости, скелет на холме
Смертный пот выступает на восковом лбу.
Белая тень брата, спускающегося в овраг.

Вечер заходит в мрачные деревушки детства.
Пруд в окружении ив
Полнится красными гульденами осени скорбной.

О жирные крысы в соломе!
Слепой, что вечером снова стоит на дороге
Молчание серых туч спустилось на поле.

Пауки завесили паутиной белые дыры тяжёлой печали
Когда с костлявых рук Одинокого
Осыпается багрец ночнеющих дней его —
Тихи лунные ночи брата.

О уже в остывающих поцелуях
разрешается, пожелтевшая от ладана, любящих слабая плоть.

В БОЛЬНИЦЕ
(1-я редакция стихотворения «Человеческая скорбь»)

IM SPITAL
(Menschliche Trauer 1. Fassung)

Часы в зелёном сочном полночь бьют, —
Горячечных охватывает ужас,
Сверкает небо, сад бушует рушась.
Лик восковой в окне? да, тут как тут.

Что если этот час сей час замрёт.
Сень ярких образов пред взором мутным —
Качаньем лодок в сне ежеминутном.
На пристани сестёр-монашек ход.

Под синим ветром облака на миг
Обнялись, как любовники в постели,
То ль мухи там над падалью запели —
То ль в лоне матери младенец в крик.

Цветов — тепло и красно — вялый вид.
Их подарили мальчику сегодня.
Как он смеялся, лето пел Господне.
Там молятся. То ль умер, то ли спит.

Как будто крик повис у нас внутри;
В чаду мелькают рожи злого духа,
Из светлых комнат звук сонаты глухо ;
И в сочной зелени часы бьют три.

Монашек стайка, прочь летит их шаг.
Хоралы слышим всё, хоть еле-еле.
Или то в зале ангелы запели.
Качнулся от видений белый мак.

СКОРБЬ ЧЕЛОВЕКА
(3-я редакция)

MENSCHLICHE TRAUER
(Fassung: 3)

Часы, до солнца, засветло, бьют пять —
И ужас на лице прохожих редких,
Деревья шумные, гнилые ветки.
Лицо покойника в окне опять.

Что если этот час сей час замрёт.
Ночные образы пред взором мутным —
Качаньем лодок в сне ежеминутном.
На пристани сестёр-монашек ход.

Как будто крик мышей летучих вдруг,
В саду сколачивают гроб столетов.
В провалах стен мелькание скелетов,
Шатается Безумный, как старик.

В осенней туче синий луч исчах.
В обнимку любящие спят, к оплоту
Приткнувшись — к ангелов средь звёзд полёту.
Лавр на седых патриция висках.

[ПЕЙЗАЖ]
(1-я редакция. Окончательная редакция в сборнике «Видения Себастьяна».)

[LANDSCHAFT]
(Fassung 1. Zur Endfassung in 'Sebastian im Traum'.)

Закат в сентябре, или тёмные зовы пастухов,
Аромат тимьяна; пылающее железо в кузнице брызжет.
Мощно взвился на дыбы чёрный конь; гиацинтовые кудри служанки
Млеют от его пышущих страстью багряных ноздрей.
У жёлтой стены коченеет крик куропатки ржавеет

в навозной жиже плуг

Тихо струится красное вино, нежная гитара в трактире.
О смерть! Больной души распавшийся свод молчание и детство.

Вспархивают летучие мыши: тёмные лица.

ЭЛИС
*(1-я редакция; 2-я редакция в разделе 2. Дополнения и окончательная
в «Видениях Себастьяна»)*

ELIS
*(Fassung 1. Zur Zweitfassung im Nachlass und Endfassung in
'Sebastian im Traum'.)*

Совершенна тишина этого золотого дня.
Под старыми дубами
Появляешься, Элис, Покойный, круглые катишь глаза.

В их синеве отражается лёгкая дрёма Любящих.
У твоих губ
Гаснут их розовые стоны.

Вечером тащил на берег тяжёлые сети рыбак.
Добрый пастырь
Своё стадо опушкой леса ведёт.
О, как праведны, Элис, все твои дни.

Тёмный смысл
В тёмной песне живёт виноградарей.
В синей тишине масличного дерева.
В доме для голодающих приготовлены хлеб и вино.

ЭЛИС
(2-я редакция)

ELIS
(Fassung: 2)

1

Элис, в чёрном лесу тебя уже кличет дрозд —
Это значит, пора закатиться.
Синий холод ключа, бьющего из скалы, пьют твои губы.

Бог с ним, пусть бы чело твоё кровоточило
Соком древних легенд,
Тёмным смыслом в полёте птиц.

Но так мягко ты входишь в ночь,
Что она распустилась багряными гроздьями.
А движения рук твоих даже прекраснее в синеве.

И терновник шумит —
Ветер занёс туда лунные очи.
Как давно уже умер ты, Элис!

Плоть твоя — гиацинт, и в него
Погружает монах восковые пальцы.
Наше молчанье похоже на чёрный зев,

Из которого изредка нежный выходит зверь,
Опускающий медленно сонные веки.
На виски твои падают капли чёрной росы —
Звёзд подгнивших лежалое золото.

2

Совершенна тишина этого золотого дня.
Под старыми дубами
Появляешься, Элис, Покойный, круглые катишь глаза.

В их синеве отражается лёгкая дрёма Любящих.
У твоих губ
Гаснут их розовые стоны.
Вечером тащил на берег тяжёлые сети рыбак.
Добрый пастырь
Своё стадо опушкой леса ведёт,

О, как праведны, Элис, все твои дни.

Тёмный смысл
В тёмной песне живёт виноградарей.
В синей тишине масличного дерева.

В доме приготовлены для голодающих хлеб и вино.

3
Нежно колокола в груди Элиса играют, поют
Вечером,
Когда его голова опускается на чёрную подушку.

Синий зверь
Тихо исходит кровью в терновом кусте.

Багровое дерево уединенье нашло;
Синие, падают наземь его плоды.

Знаки и звёзды
Тихо тонут в вечернем пруду.

За холмом стала уже зима.

Синие голуби
Пьют по ночам ледяной пот,
Что стекает у Элиса с хрустального лба.

Вечно поёт оно тут,
У чёрных стен, ледяное дыхание Бога.

[ХОЭНБУРГ]
(1-я редакция)

[HOHENBURG]
(1. Fassung)

Пуст и безжизнен дом отца,
Тёмный час
И вдруг очнёшься в брезжущем саду.

Только и видишь в мыслях белое лицо человека,
Вдалеке от суеты времени,
Над ушедшим в видения рада склониться зелёная ветка;

Крест и закат,
Поющего охватывает багряными руками его Звезда
И звоны синеющих цвето́в. <>

ДЕКАБРЬ
(1-я редакция стихотворения « На болоте»)

Этот плащ под чёрным ветром; тихо шепчет сухой камыш
В безмолвии болота. На сером небе
Клином дикие птицы —
Поперёк мрачных вод.

Сквозь голых берёз скользят костлявые руки.
Шаг хрустит в бурой чаще
Где — чтобы умереть — живёт одинокий зверь.

Старухи пересекают твой путь
В деревню. Пауки свисают с их глаз
И красный снег, воро́ны и долгий звон колоколов

Провожают чёрную тропу, Эндимиона улыбка
И лунная дрёма
Касаясь металла лба замёрзшими пальцами через лещину

Подожди заката в трактире
Поживи в багряном провале вина,
С обоев бесшумно срывается пьяная тень

Часы подряд волосяной снег заносит окно
Гоняет небо чёрными флагами и разбитыми мачтами ночь.

[НА БОЛОТЕ]
(2-я редакция)

[AM MOOR]
(Fassung: 2)

Плащ под чёрным ветром; тихо шепчет сухой камыш
В безмолвии болота. На сером небе
Клином дикие птицы;
Поперёк мрачных вод.

Костляво скользят руки сквозь голые берёзы.
Шаг хрустит в бурой чаще
Где — чтобы умереть — живёт одинокий зверь.

Мятеж. В подкосившейся хижине
Трепещет чёрными крыльями падший ангел,
Тень тучи; и безумие дерева;

Крик сорок. Старуха пересекает путь
В деревню. Под чёрными ветками
О что гонит проклятьями и огнём (твой) шаг
Безмолвный ночной перезвон; близость снега.

Буря. Тёмный призрак тлена в болоте
И тяжёлая печаль пасущихся стад.
Молча гоняет
Небо сломанными мачтами ночь.

НА БОЛОТЕ
(4-я редакция)

AM MOOR
(Fassung: 4)

Путник под чёрным ветром; тихо шепчет сухой камыш
В безмолвии болота. На сером небе
Клином дикие птицы;
Поперёк мрачных вод.

Мятеж. В подкосившейся хижине
Трепещет чёрными крыльями падший ангел,
Скрюченные берёзы под осенним ветром;

Вечер в опустевшем трактире. Путь домой окружен
Нежно тяжёлой печалью пасущихся стад;
Явление ночи; всплывают жабы из бурых вод.

ЛЕТО
(1-я редакция стихотворения «*Вечер в Лансе*»)

SOMMER
(*Fassung: 1. 'Abend in Lans'*)

Лето под выбеленным сводом,
Пожелтевшая рожь, птица, что дико мечется,
Вечер и тёмные запахи зелени.
Красный человек, на брезжущей дороге, куда?
Над одиноким холмом, мимо костяного дома
Над уступами леса танцует серебряное сердце.

У МОНАШЬЕЙ ГОРЫ

(1-я редакция)
Адольфу Лоосу

AM MÖNCHSBERG

(1. Fassung)
Für Adolf Loos

Где под сенью осенних вязов заросшая срывается вниз тропа,
Вдалеке от пастухов и их шалашей,
Всё ещё следует за путником тёмный облик прохлады

Над костяными мостками, гиацинтовый голос мальчика,
Рассказывая забытые предания леса;
Нежнее Больное теперь, прислушиваясь в бреду.

Мягко ластится скудная зелень к коленям Странника,
Ласковый Бог к усталому лику,
Наощупь серебряно шаг в тишину обратно.

ВОСПОМИНАНИЕ
(фрагмент)
(1-я ред. стих «Перевоплощение зла»)

ERINNERUNG
(Fragment)
(Fassung: 1)

Тихо обитал ребёнок в пещере ночи прислушиваясь к звону лучистого цветка в синей волне источника. И из разрушенной кладки стены проступала бледная фигура матери и в дремлющих руках носила она Рождённого в боли, сомнамбулой по саду бродя. И звёзды были капли крови в лысых сучьях и они падали во власяницы волос Ночевицы, и мальчик со вздохом поднимал багряные веки на лике серебряном в ветре ночном.

Бодрствующая в вечернему саду в тихой тени отца, как пугает эта лучистая голова терпеливая в синей прохладе и безмолвии комнат осенних. Золотая тонет лодочка солнце на одиноком холме и немеют в изголовье серьёзные кроны. Тихо встречает дремлющий лик во влажной ещё синеве сестру, зарывшись в её червлёные волосы. Черно за ним следует ночь.

Что заставляет стоять тебя здесь на сгнившей лестнице винтовой в доме отцов, когда в хилых руках гаснет мерцает подсвечник. Час одинокого мрака, безмолвно очнёшься в прихожей в бледном призраке месяца. О как печальна холодная ухмылка Зла, так что бледнеют розовые щёки спящей. В содрогания закуталось чёрное полотно окна. И брызнуло пламя из сердца его, серебристо пылая во мраке, поющей звездой. Молча в землю осели хрустальные тропы детства в саду.

ЗИМОЙ

(1-я редакция ст. «Однажды зимой», 2-я редакция в сборнике «Видения Себастьяна»)

IM WINTER

(1. Fassung: 2. Fassung 'Ein Winterabend' in 'Sebastian im Traum'.)

В час, когда метель навзрыд,
Колокол не молкнет дальний.
Станет светлый дом печальней,
Стол для путника накрыт.

Кто устал, кто жил вдали,
Тёмною пришел дорогой.
Лечит раны понемногу
Сила нежная любви.

Как же рок твой, смертный, слеп.
Ангела боровший — Бога
Просит милости: немного
На вино подать и хлеб.

[ДУША ОСЕНИ]
1-я редакция

[HERBSTSEELE]
(1. Fassung)

В зелень в глубь коса поёт
Синий воздух, жёлтый сноп.
Глас взлетел и вдруг усоп,
Лишь старинный ключ живёт.

Тёмный вечером полёт
Бурый холм осенний снится
Пруд зеркальный серебрится
Ястреба гортанный зов.

ЗЕРКАЛО ВЕЧЕРА
(1-я редакция стихотворения «Афра»)

ABENDSPIEGEL
(1. Fassung 'Afra')

Дитя в златых власах. Темнея, пламя
Вспугнёт шаги, и время — влажной стуже,
И тёмно-золотой подсолнух в раме;
И мягкий зверь, что гибнет в красной луже.

Тень костяная в зеркале причастна,
Из синих астр молчанья всплыл загадкой
Чей рот, отчётливой печатью красной,
И в ветках чёрные глаза украдкой.

В кленовых. Красное — слепит в вершине,
Из нежного стена выходит тела,
И в сумерках сиянье гаснет сини,
И ветер взвякивает то и дело.

В открытых окнах вянут час и время
Живущих. Смелые полёты тучек
Над Одиноким, что идёт всё время.
Коричнев сад, где тонет взгляд текучий,

Серебряный. И руки — в воду, в течу,
Дух набожный — в кристалл, в прозрачны воды.
Клин птичий — с умирающими встреча —
Повис: и тёмные вослед им годы.

[ЗАКАТ]
(1-я редакция)

[UNTERGANG]
(Fassung: 1)

Вечером, когда золотым летом идём домой
С нами тени кротких святых.
Нежней зеленеет вокруг репа, желтеет рожь
О мой брат, какой тогда в мире покой.

Обнявшись входим мы в золотистую воду,
Тёмные гроты человечьей печали
На ссохлых тропинках пересекаются пути истлевших

Но мы блаженно лежим на закате солнца.
Мир, там где светятся краски осени
В изголовье лещина навевает шумом прошлое наше

[З А К А Т]
(2-я редакция)

[U N T E R G A N G]
(Fassung: 2)

Вечером, когда золотым летом идём домой
С нами тени кротких святых.
Нежней зеленеет вокруг репа, желтеет рожь
О мой брат, какой тогда в мире покой

В изголовье клён навевает шумом прошлое наше
Прохлада синей воды доходит до нас,
Тёмные зеркала человечьей печали
О мой брат, дозревает к нам сладость заката

Тихо ветер звенит на одиноком холме
Умер давно уже
Дух Дедала в розовых вздохах
О мой брат, преображается темно пейзаж души.

[ЗАКАТ]
(3-я редакция)

[UNTERGANG]
(Fassung: 3)

Когда мы идём багряной тьмой нашего лета
Тени печальных монахов встают перед нами.
Тщедущнее репа цветёт вокруг, желтеет рожь.
О мой брат, какой тогда в мире покой.

Дуб в изголовье шуршит нашими древностями
Навевает нам каменный лик воды,
Круглые гроты человечьей печали,
О мой брат чёрные ночи смирения и молитв вызревают в нас.

Ещё более древний ветер звенит на одиноком холме,
Пьяная игра Любящего на струнах.
Под терновым сводом
О мой брат мы слепые стрелки часов всходим на Полночь.

ЗАКАТ
(4-я редакция)

UNTERGANG

(Fassung: 4)

Под тёмным сводом нашей печали
По вечерам играют тени умерших ангелов.
Над белым прудом
Сорвались с места дикие птицы, прочь.

Исполняясь видениями в серебристых ивах
Щёки наши ласкают пожелтевшие звёзды,
Клонится лоб ушедшей ночи.
Вечно смотрит на нас неподвижный лик наших белых могил.

Тихо тлеет ветер на одиноком холме,
Лысые стены осенней рощи.
Под терновым сводом
О мой брат мы слепые стрелки часов всходим на Полночь.

НА ХОЛМЕ

(1-я ред. ст. «Сумерки отрешённого»,
окончательная редакция в сборнике «Видения Себастьяна»)

AM HÜGEL

(Fassung: 1. Zur Endfassung 'Geistliche Dämmerung' in 'Sebastian
im Traum'.)

Молча выходит на опушку леса
Тёмный хищник;
На холме кончается тихо вечерний ветер,

Вскоре умолкнет жалоба чёрного дрозда,
И флейты осени
Замолчат в тростнике.

Серебристым тернием
Бьёт нас мороз,
Над могилами склонились умершие мы
Наверху рассеивается синее облако;
Из чёрного распада
Выступают Бога лучащиеся ангелы
Сумерки Отрешённого.

СОН ПУТНИКА

(1-я ред. ст. «Путник»,
окончательная редакция в сборнике «Видения Себастьяна»)

WANDERERS SCHLAF

(Fassung: 1. Zur Endfassung 'Der Wanderer' in 'Sebastian im Traum')

Прислонилась к скале и не сходит белая ночь
Где в серебряных звуках ввысь уходит сосна
Камень и звёзды где.

Горбатятся аркой костяные мостки через горный ручей,
За спящим вслед тёмная фигура прохлады,
Серп месяца в розовой бездне.

Вдали от поющих псалмы пастухов. Из надгробия
Смотрит глазами хрустальными жаба,
Просыпается цветущий ветер, серебряный голос
Призрака из могилы.

Тихо рассказывая забытые предания леса.
Белый лик ангела
Льстится к его коленям [...] Пена воды

Розовый бутон
Поющего печальный птичий рот.
Чудесное сияние просыпается на его лбу
Камень и звезда
Где прежде Странник до него жил.

PASSION
(1-я редакция)

PASSION
(Fassung: 1)

Лишь только Орфей серебристо коснётся струны
И станет оплакивать мёртвое Мёртво в вечернем саду —
О кто ты, Покоящееся в высоком лесу?
И шумно плачет осенний тростник,
Синий пруд.

Горе узкой фигуре мальчика,
Вспыхнувшей багрецом,
Страдающей матери, в синий плащ
Закутавшей стыд свой святой.

Горе рождённому, ибо он умрёт,
Прежде чем пылающим плодом насладится,
Горчайшей виной.

Кого ты оплакиваешь в сумеречном лесу?
Сестру, тёмную страсть
Нашего дикого рода,
От которого с шумом день катится прочь на колёсах своих золотых.

О, только б ночь ещё более кроткой пришла,
Кристус.

О чём ты в тёмном молчишь лесу?
О звёздном морозе зимы,
Рождестве
И пастухах у яслей из соломы.

Синие луны
Утонули глаза слепого во власяной пещере.

Ты всё ещё ищешь в зелёном лесу её тело
Невесту свою,
Серебристую розу,
Летая над ночным холмом.
Бродя по чёрному берегу

Смерти,
Багрецом вспыхнул в сердце Адский цветок.

Над вздыхающей водой склонился
Смотри твой супруг: Лик застыл от проказы
И волосы её дико взметает ветер в ночи.

Два волка в мрачном лесу,
Смешали мы кровь каменея в объятиях,
И звёзды нашего рода падали с неба на нас.

О жало смерти.
Побледнев осмотрелись мы на перепутье
И в глазах серебристых
Отражались чёрные тени наших зарослей,
Мерзкий смех, сломавший нам рты.

Тернистые ступени падали во мрак,
Чтобы красней из холодных ног
Кровь струилась в поля каменистые.

На багряной реке
Качается вдалеке от сна серебристая Спящая.

Он же однако стал снежное дерево
На холме костяном,
Хищник глазастый из гноящейся раны,
Снова молчащий камень.

О нежный звёздный час
Этого хрустального покоя,
Когда в терновой каморке
Прокажённый лик от тебя отпал.

Ночью звенит одинокая струна души
Тёмным блаженством
Полнясь, припадая к серебристым ногам кающейся
В забытом саду;
И на терновой ограде лопается почками синяя весна.

Под тёмными оливами
Выходит розовый ангел
Утра из гроба влюблённых.

PASSION
(2-я редакция)

PASSION
(Fassung: 2)

Вторая редакция идентична первой, кроме:

1) отсутствует последняя строфа,
2) в предпоследней две последние строчки другие:

Nächtlich tönt der Seele einsames Saitenspiel
Dunkler Verzückung
Voll zu den silbernen Füßen der Büßerin
In der blauen Stille
Und Versühnung des Ölbaums.

Ночью звенит одинокая струна души
Тёмным блаженством
Полнясь, к серебристым ногам кающейся
В голубой тишине
И прощение масличного дерева.

(ранняя редакция перевода):

PASSION
(3-я редакция)

PASSION
(Fassung: 3)

Лишь только Орфей коснётся струны серебром
И плачет в саду на закате о рано умершей,
О, Полузабытое, кто ты — под сенью высоких древес?
Плач его, жалобно стонет осенний тростник
И пруд голубой,
Так тлеющий долго под сенью зелёных древес
И молча следящий за тенью сестры,
За тёмной погибелью
Страсти, терзающей дикий наш род,
Которому день на колесах поёт золотых всё о том же.
Тихая ночь.

Под сенью угрюмых елей
Два волка смешали кровь,
Каменея в объятиях; пух золотой
Оставило облачко, переходя по мосткам,
Терпенье безмолвного детства,
И снова навстречу
Тень милого трупа, тритонами пахнущий пруд,
Заснувший в её волосах, гиацинтово-влажных.
Когда ж наконец ты рассыплешься, призрачный лик!

Но вечно следит она, синяя птица,
Немой соглядатай, под сенью вечерних древес,
За этими тёмными тропами,
От сна вдалеке и гармонией ночи взволнована,
Безумием нежным;
Тёмное вздрогнет блаженство,
Всплакнувшей струной
Припадая к холодным стопам вечно молящей прощения
В городе мёртвых камней.

[ПРЕДДВЕРИЕ АДА]
Черновик первой строфы

[VORHÖLLE]
(Fassung: 1 (1. Strophe). Zur Endfassung in 'Sebastian im Traum'.)

На опушке лесной — где живут тени мёртвых —
Тонет лодка, ко дну идёт, золотая, у холма, там где синий покой облаков,
Пасущихся в багровом безмолвье дубовой рощи. Страх власяной,
Выдыхаемый сердцем, переполненный кубок, льётся красным багрянцем заката,
Тёмной тяжёлой печалью. Слушал кто шелест листвы, отрешённый,
То шаги провожали его, когда вниз по заросшей спускался тропе.
Прохладой вдогонку пугая из плачущих губ, как если б то чахлый покойник.

СТРАНА ЗАКАТА

(Редакция 1a. Редакции 1b под названием «Странствие», 2 и 3 см. ниже, окончательную редакцию в сборнике «Видения Себастьяна».)

ABENDLAND

(Fassung: 1a. Zu den Fassungen 1b, 2 und 3 im Nachlass sowie der Endfassung in 'Sebastian im Traum'.)

Обветшалые деревушки утонули
В буром ноябре,
Тёмные тропы жителей деревни
Под скрюченными
Яблонями, жалобы
Женщин в серебряном флёре.

Умирает род отцов.
Наполнен вздохами
Вечерний ветер
Отрешённостью лесов.

Тихо ведут мостки
К облачным розам
Кроткий зверь на холме
И поют
Синие родники во тьме о том,
Что нежный
Родился Младенец.

Тихо на перепутье
Тень покинула незнакомца
И камнем слепым стали
Его созерцающие глаза,
Чтобы с губ
Слаще струилась песнь.
Ибо Ночь —
Любящего жилище,
Ибо синее лицо безмолвно
На мёртвое мёртво
Открыло висок;
Хрустальное зрение.

За ним по тёмным тропам
Вдоль стен
Отжившее следует.

СТРАНСТВИЕ

(Редакция 1b стихотворения «Страна Заката». Редакции 1a см. выше, 2 и 3 см. ниже, окончательную редакцию в сборнике «Видения Себастьяна».)

WANDERSCHAFT

Fassung: 1b (von 'Abendland'). Zu dessen Fassungen 1a, 2 und 3 im Nachlass sowie der Endfassung in 'Sebastian im Traum'.

Так тихи зелёные леса
Нашей родины
Солнце опускается на холм
Что заплакали мы во сне;
Белыми скользим шагами
Вдоль тернистой изгороди
Колосящимся летом
Поющие и болью рождённые.

Уже созревают для человека хлеба
И священная лоза
И в каменной комнате,
В прохладе, приготовлена пища.
И с Добром примиряется
Сердце в зелёной тиши
И в прохладе высоких деревьев
Нежными руками раздаёт он еду.

Многое — не спит
В звёздной ночи
И прекрасна синева,
И шагает бледная, дышащая,
Игра струн.

Опустился на холм, Брат
И Странник,
Покинутый людьми, закрылись
Его влажные веки
В невыразимой тяжёлой печали.
Из чёрной тучи
Капает горький мак.

Лунно-белая молчит тропа
Вдоль идущая тех тополей
И скоро
Закончится странствие человека,
Праведное терпение.
Радостно молчание детей,
Приближение ангелов
На хрустальном лугу.

СТРАНА ЗАКАТА
(2-я редакция)

ABENDLAND
(Fassung: 2)

1

Обветшалые деревушки утонули
В буром ноябре,
Тёмные тропы жителей деревни
Под скрюченными
Яблонями, жалобы
Женщин в серебряном флёре.

Умирает род отцов.
Наполнен вздохами
Вечерний ветер,
Отрешённостью лесов.

Тихо ведут мостки
К облачным розам
Кроткий зверь на холме
И поют
Синие родники во тьме о том,
Что нежный
Родился Младенец.

Тихо на перепутье
Тень покинула Странника
И камнем слепым стали
Его созерцающие глаза,
Чтобы с губ
Слаще струилась песнь.

Ибо Ночь —
Любящего жилище,
И синее лицо безмолвно
На мёртвое мёртво
Открыло висок;
Хрустальное зрение.

За ним по тёмным тропам
Вдоль стен
Отжившее следует.

2

Когда сделалась ночь,
Появились наши звёзды на небе
Под старыми масличными деревьями,
Или у тёмных кипарисов
Мы ходим по белым дорогам;
Ангел с мечом:
Мой брат.
Молча носит окаменевший рот
Тёмную песню боли.

Снова встречаешь Мёртвое
В простынях белых
Из соцветий многие пали
На скалистую тропу.

Серебристо плачет Больное,
Прокажённое у пруда,
Где в довременье в радости
Отдыхала после полудня Любовь.
Или это звенят шаги
Элиса в роще,
Гиацинтовой,
Вновь затихая под дубами.
О, облик мальчика,
Сотканный из хрустальных слёз
И ночных теней.

Иначе тишина совершенное прозревает,
Прохладная, детская,
Когда над зеленеющим холмом
Весенняя гроза поёт.

3

Так тихи зелёные рощи
Нашей родины,
Солнце садится на холм,

Так что плакали мы во сне;
Белым шагом плывём
Мимо колкой ограды:
Колосящимся летом,
Поющие и болью рождённые.

Уже созревают для человека хлеба
И священная лоза
И в каменной комнате,
В прохладе, приготовлена пища.
И к добру примиряется
Сердце в зелёной тиши
И в прохладе высоких деревьев
Нежными руками раздаёт он еду.

Многое — не спит
В звёздной ночи
И прекрасна синева,
И шагает бледная, дышащая,
Игра струн.
Опустился на холм, Брат
И Странник,
Покинутый людьми, закрылись
Его влажные веки
В невыразимой тяжёлой печали.
Из чёрной тучи
Капает горький мак.

Лунно-белая молчит тропа
Вдоль идущая тех тополей
И скоро
Закончится странствие человека,
Праведное терпение.
Радостно молчание детей,
Приближение ангелов
На хрустальном лугу.

4
Мальчик с проломленной грудью,
Умирает пение ночью.
Пойдём по холму теперь тихо

Под деревьями
И тень зверя за нами.
Сладко пахнут фиалки на земле луговой.

Или войдём в окаменевший дом,
В скорбной тени матери
Склоним головы.
Во влажной синеве светится лампочка
Ночь напролёт;
Ибо не спокойна теперь уже больше боль;

Но и ушли далеко белые
Очертания Дышащих, очертанья друзей;
Мощно молчат стены вокруг.

5
Когда темнеет на улице
И в синих простынях встречается
Давно Ушедшее,
О как шатаюсь поющие шаги
И молчит зеленеющая голова.

Великие построены города
И каменеют на равнине;
Но следует Тот, кто без роду без племени,
Открытым лбом вслед за ветром,
За деревьями на холме;
Но и чаще в страхе пребывает закат.

Скоро зашумят потоки
Громко в ночи,
Ангел касается хрустальных
Девушки щёк,
Её светлых волос,
Тяжёлых от слёз сестры.

Такова часто любовь: цветущий
Касается терновый куст
Холодных пальцев Странника
Мимоходом;
И исчезают хижины крестьян
В синей ночи.

В детской тишине,
В хлебах, где безмолвно высится крест,
Является созерцающему
Вздыхая тень его и уход.

СТРАНА ЗАКАТА
(3-я редакция)

ABENDLAND
(Fassung: 3)

1

Месяц, словно вышел покойник,
И соцветья осыпались многие
На горные тропы.
Серебром зарыдало Больное
У закатного озера.
Уплыли на чёрной ладье,
Погибли влюбленные.

Или то Элиса шаг
Шорохом полнит листву
Гиацинтовой рощи,
Отзвуком длясь под дубами?
О, облик мальчика,
Сотканный из хрустальных слёз
И ночных теней.
Зубчатые молнии освещают виски
Вечнопрохладные,
Когда на зеленеющем холме
Весенняя поёт гроза.

2

Нешумливы зелёные рощи
Нашей родины,
И хрустальна волна
Умирающая у истлевших стен,
Что заплакали мы во сне;
Поём и, помедлив,
Мимо колкой ограды
Плывём: вечереющим летом,
В святом Покое далёких
Лучащихся виноградников;
Тени мы ныне в холодном лоне

Ночи, лениво-больные орлы.
Так долго целит лунный луч
Багровые метины тяжёлой печали.

3
Лучась ночует каменный город
На равнине.
Черная тень,
Следует Странник
С тёмным лбом за ветром,
За лысыми деревьями на холме;
Но и страх полнит сердце
Одинокого заката,
Как если б упали серебристые потоки
В прохладную темень —
О, любовь, касается
Синий терновник
Холодного виска,
Падающими звёздами
Снежная ночь.

ВДОЛЬ СТЕН
(1-я редакция стихотворения «Во тьме»)

AN MAUERN HIN
(1. Fassung Im Dunkel)

Никогда больше золотого лика весны;
Тёмного в лещине смеха. Вечерней прогулки в лесу,
Истовых криков чёрного дрозда.
Весь день шелестит в душе странника пылающая зелень.

Металлическая минута: полдень, отчаянье лета;
Тени буков и жёлтый злак.
Крещенье в стыдливых водах. О багряный человек.

Крест и Церковь в деревне. В тёмном разговоре
Познали друг друга мужчина и женщина.
У лысых стен со своими созвездьями бродит Одинокий.

На лесные дороги в сиянии луны
Пала дичь забытых охот;
Преломляется взгляд синевы из разрушенных скал.

Факсимиле рукописи Георга Тракля стихотворения «Вдоль стен»
в 1-ой редакции

[НАБРОСОК]
(1-я редакция стихотворения «Сон»)

[ENTWURF]
(Der Schlaf 1. Fassung)

Утешительны вы тёмные зелья,
Приносящие белый сон
Какой-то крайне странный сад
Брезжущих деревьев,
Наполненный змеями, ночными мотыльками,
Пауками, летучими мышами;
Странник, твоя жалкая тень
Колеблется, горькая скорбь
В красном заката!
Древние одинокие реки
Ушли в песок.

Белые олени на опушке ночи,
Быть может, звёзды!
Закутанная в паучий покров,
Светится мёртвая лава.
Железное созерцание.
Терновники вьются
Вокруг синей тропы в деревню,
Багряный смех вокруг
Прислушивающегося в пустом трактире.
На веранде
Танцует лунно-белая
Зла мощная тень.

К

(Редакция 1a стихотворения «Возвращение»)

AN

(Die Heimkehr Fassung 1a)

Прохладу тёмных лет, боль и надежду
Хранят бурые балки
С которых пламенея свисали георгины.
Как если б скатилась золотая каска с залитого кровью лба
Так тихо кончается этот день,
Смотрит нежное детство из чернеющих глаз.
Тихо лучатся в закате красные буки,
Любовь и Надежда, так что с синих век
Капает роса неудержимо.
Одинокое возвращение! Тёмные выкрики рыбаков
Бесконечные у брезжущей реки;
Любовь и Ночь, тяжёлая скорбь хрустальных минут
Блестяще текущая в смерть, звёзды, и тише всё созерцание.

В СНЕГУ
(1-я редакция стихотворения «Предаваться ночи»)

IM SCHNEE
(1. Fassung von 'Nachtergebung').

Размышлять об истине —
Как это больно!
Наконец-то восторг
До самой смерти.
Зимняя ночь
Ты чистая Монашка!

ВИДЕНИЕ
(2-я редакция стихотворения «Предаваться ночи»)

ANBLICK

(2. Fassung von 'Nachtergebung')

Осень красно спит под сенью
Вязов муки тёмной тою
Машет сумрачным селеньям
Сокол рея в золотое

Нежный лоб кровоточащий
Сник подсолнух у забора
Скорби в женском лоне чаще:
Божье Слово в звёздном соре!

Ложь мерцает с уст багряных,
В комнате прохладной хаос
Смех как золото играясь
Бурей в голову смог грянуть

Ночь и молний яркой вспышкой
Плод на землю пал подгнилый.
Молча падаю малышка
В синий платья край твой милый.

К НОЧИ

(3-я редакция стихотворения «Предаваться ночи»)

AN DIE NACHT

(3. Fassung von 'Nachtergebung')

В тьме своей сокрой, монашка!
Крест — сквозь звезд — отвесный, тяжкий!
Лжив багряный рот в передней
Колокола звон последний.
Ночи блуд в позорном взоре
Красный плод и ложь в передней
Колокола звон последний.
Крест кровавый в звёздном соре!

К НОЧИ
(4-я редакция стихотворения «Предаваться ночи»)

AN DIE NACHT
(4. Fassung von 'Nachtergebung')

Нимфа, скрой во мрак твой истый,
Мёрзнет у забора астра,
Скорби в женском лоне часты:
Божье Слово в звёздных искрах!

Уст багряных ложь невольно,
Бьётся комнат холод грех.
Золотой играет смех,
Звон последний колокольный.

Синий облак! ночью чёрной
Паданца подгнивший лоб.
Мир, пространство — тесный гроб,
Жизнь — видений морок вздорный

2.5

СТИХОТВОРНЫЕ КОМПЛЕКСЫ И ФРАГМЕНТЫ

GEDICHTKOMPLEXE UND FRAGMENTE

НАБРОСКИ К СТИХОТВОРЕНИЮ «ГЕЛИАН»

GEDICHTKOMPLEX UM HELIAN

ДОЛГО ВНИМАЕТ МОНАХ...

LANGE LAUSCHT DER MÖNCH...

Долго внимает монах умирающей птице у края замолкшего леса
О близость смерти, обветшалых крестов на холме
Холодный пот страха, выступающий на восковом челе.
О обитание в синих пещерах тяжёлой печали.
О весь в крови странный облик, спускающийся по дороге бездонной
Так что одержимый безжизненно падает на колени свои серебристые.
Проказой и снегом полнится больная душа,
Внимающа вечером безумию нимфы,
Тёмным флейтам [...] в высохшем тростнике;
Мрачно образ её в звёздном пруду созерцает себя;
Тихо служанка гниёт в терновом кусте,
Запустевшие тропы и опустевшие деревни
Покрываются жёлтой травой.
Вниз по ступеням засыпанным — пурпурная бездна.

ГДЕ У ЧЁРНЫХ СТЕН СТОЯТ ОДЕРЖИМЫЕ…

WO AN SCHWARZEN MAUERN BESESSENE STEHN…

Где у чёрных стен стоят одержимые осенью,
Бледный странник спускается тихо с холма,
Где прежде было дерево, синяя птица в кустах,
Открываются, видеть, внимать чтобы, Гелиана мягкие очи.
Там, где в тёмных комнатах некогда спали влюблённые,
С серебристыми змеями играет Слепой,
С осенней тяжёлой печалью луны.

Серые в бурой одежде иссыхают останки,
Каменная арка
Отражается упоённо в зеркале гниющих вод.
Костяная маска, что некогда была песней.
Как безмолвно это место.

Спускается к теням лицо, тронутое чумой,
Ищет терновый куст красный плащ кающегося;
Тихо магический палец слепого следует
За своими угасшими звёздами.

Белое существо — одинокий человек,
Изумлённо двигающий руками и ногами,
В багрянце глазниц вращаются выцветши очи.

Вниз по засыпанным ступеням, где стоят Духи Зла,
И затихает звук осенних цимбал,
Вновь открывается белая бездна.

СКВОЗЬ ЧЁРНОЕ ЧЕЛО ЛЁГ МЁРТВЫЙ ГОРОД НАИСКОСЬ...

DURCH SCHWARZE STIRNE GEHT SCHIEF DIE TOTE STADT...

Сквозь чёрное чело лёг мёртвый город наискось,
И чайки кружатся над мутною рекой,
Водосточными желобами пересекаются на стенах преходящего
Красная башня и галки. Над ними —
Зимние тучи...

Они поют гибель тёмного города;
Печальное детство, что после полудня играет в лещине,
Вечером под бурыми каштанами синей музыке внимает
Фонтан, где золотые плещутся рыбки.

Над лицом спящего склоняется престарелый отец
Бородатый лик Добра, ушедший вдаль
Во тьму.

О опять эта радость, белый ребёнок,
Плывущий у окон погасших.
Где прежде было дерево, синяя птица в кустах,
Открываются, чтобы умереть, мягкие глаза
Гелиана.

Где у стен тени предков стоят,
одинокое было дерево прежде, синяя птица в кустах,
Белый человек поднимается по золотым ступеням,
Падает вниз Гелиан, тьма вздыхает, его обнимая.

Мрачно истекает кровью бурая птица в кустах;
Одинокий слепой сходит вниз по ветхим ступеням.
В комнате — тёмные флейты безумия.

Снегом и проказой наполняется больная душа,
Когда вечером она созерцает своё отражение в розовом пруду.
Обветшалые веки открываются, плача, в лещине.
О Слепой,
Что молча спускается по разрушенным ступеням во тьме.
Тонут во тьме глаза Гелиана.

ЛЕТО. В ЖЁЛТЫХ ПОДСОЛНУХАХ…

SOMMER. IN SONNENBLUMEN GELB…

Лето. В жёлтых подсолнухах гремели трухлявые кости,
К юным монахам спускался вечер ветхого сада,
Благоухание и печаль бузины одряхлевшей,
Когда из тени Себастьяна вышла умершая сестра,
Пурпурно треснули уста спящего.
И серебристый ангела голос.

Играющие мальчики на холме. О как тихо время,
Сентября и мальчиков, когда он в чёрной лодке
Проплывал мимо звёздного пруда, мимо сухого тростника.
В полёте и крике диких птиц.

Вдали ушла в тень и тишину осени
Голова,
Сошла тень сомнамбулы вниз по ветхим ступеням.

Вдалеке в тени осени мать была,
Белая её голова. По ветхим ступеням
В сад сходил тёмный Спящий.
Жалобно дрозд.

О власяной город; звезда и морозное пробуждение.

Вдали шёл в бурой тени осени
Белый спящий.
Над ветхими ступенями блестела луна его сердце,
Тихо звенели ему вслед синие цветы,
Тихо — звезда.

Или когда он, кроткий послушник,
Вечером в сумрачную церковь святой Урсулы входил,
Серебристый цветок лицо его в локонах укрывал,
И в тени обнимал его синий плащ отца,
Тёмная прохлада матери.

Или когда он, кроткий послушник,
Вечером в сумрачную церковь святой Урсулы входил,
Серебристый голос скрывал лицо его в локонах, в волосах
И в содроганьях его — ...

2.5.2

РАЗРОЗНЕННЫЕ ФРАГМЕНТЫ

FRAGMENTE

1

ДЕТСТВО

KINDHEIT

Что там тихо происходит под осенними деревьями
У зелёной реки, над которой чайки парят —
Опадает лист; простота тёмных времён.
Это Божий Покой. Вечерние тени у края леса,
Чёрная птица поёт в осенних деревьях.

Сложение рук для молитвы — усталое, единодушное —
Вечером следуют за знаками
Глаза, прежде чем сну уступить —
Воспоминание мальчика, кроткое, слабое.

Чёрная птица поёт в осенних деревьях
Мир этих дней — сладкий, могучий,
И душа хочет тихо приготовиться тоже.

2

КРЕСТОМ ВОЗДВИГАЕТСЯ...

KREUZ RAGT ELIS...

Крестом воздвигается, Элис,
Твоё тело на сумрачных тропах.

3
РОЖДЕНИЕ

GEBURT

За руку с отцом, за руку с матерью.

4
ВЕСНОЙ

IM FRÜHLING

Вечер настал в старом саду.

5

НОЧНОЕ СТРАНСТВИЕ, СМЕРТЬ И ДУША…

NACHTWANDLUNG, TOD UND SEELE…

Когда я спустился во сне с чёрного холма сна, утомлённый пустыней и отчаянием тёмных зимних дней, на пылающем крыле явился мне сон:

6

КОГДА ДЕНЬ...

DA DER TAG DAHINSANK FUHR...

Когда день клонился к закату катился

7

ВОЗВРАЩАЕТСЯ...

ES KEHRET...

Возвращается без роду и племени
Назад к мшистым лесам.

8

ПОД ВЕЧЕР...

GEGEN ABEND...

Под вечер пробудился монах на краю леса. Золотое облако угасло над ним, и тёмная тишина осени наполнила его страхом, одиночеством окрестных холмов.

9
ВЕСНОЙ...

IM FRÜHLING...

Весной; нежное тело
Сияющее в своей могиле
Под дикими
Кустами бузины детства.

10

НОЧНЫЕ БУКИ...

NÄCHTLICHE BUCHEN...

Ночные буки; в сердце
Тёмного пейзажа живёт красный червь.

11

СНЕЖНАЯ НОЧЬ!

SCHNEEIGE NACHT!

Снежная ночь!
Вы, тёмные спящие
Под мостом,
Из разбитого лба вашего
Каплет хрустальный пот.

ФРАГМЕНТЫ ДРАМ
(ЧЕРНОВИКИ)

DRAMEN

СИНЯЯ БОРОДА
Кукольное представление (фрагмент)

BLAUBART
Ein Puppenspiel (Fragment)

Не сетуй на бред этот, праведник мой,
Безумьем и смехом убит мой герой,
Поверь мне, он паинькой будет потом,
Ходить целомудренным будет путём.

Аминь!

ПЕРСОНАЖИ:

Синяя Борода
Старик
Герберт
Элизабет

ПЕРВАЯ СЦЕНА
(1-я редакция)

Комната в замке. Ночь. Игра органа затихает.

СТАРИК *(у окна)*:
Помилуй Господь его! Служба прошла —
Выходят из церкви! Такие дела!
Помилуй Господь её!

ГЕРБЕРТ *(стоя на коленях)*:
Боже, спаси её, как бледна!
(в ужасе) Мне слышится, стонет и стонет она,
Со дна ночи — стон! Боже, не дай мне!
Избави грешных от адских страданий!
Не вынести мне такие дела!

СТАРИК:
В верхушках деревьев шумит весна!
Молчи! Мой мальчик! идут сюда

ГЕРБЕРТ *(словно заворожённый)*:
Все как одна
Дня не увидели после ночи.
О эти стоны в брачную ночь.
Кровавую ночь не видели б очи!
Закрой мои зренье и слух! Прокляни!
Безумье! Бесчестье! Позорные дни!
Крик! Ты слышал, отец? Дай ответ!

СТАРИК *(тихо)*:
Нет!

ГЕРБЕРТ:
Отпусти меня! к людям! я здесь в аду!
На колени пред всеми в деревне паду,
И признаюсь — что было здесь, волей порока, —
И сегодня случится — чтобы близко-далёко
Люди били в ночи в набат до рассвета —
Чтобы Невыразимый не сделал это!

СТАРИК:
Я тебя не держу! Коль тебе суждено,

Коль возложено, действуй!
Мне тебя только жаль!

ГЕРБЕРТ:
Помолись за меня! Я, конечно, не прав,
Своего господина предавший раб!
Не увидеться нам! Слышу, идёт!
Прочь! Прощай, отец! Прочь! Вперёд!

СТАРИК:
Прощай.

[*ГЕРБЕРТ исчезает*]

ПЕРВАЯ СЦЕНА
(2-я редакция)

Комната в замке. Ночь. Игра органа затихает.

СТАРИК *(у окна)*:
Помилуй Господь его! Служба прошла —
Выходят из церкви! Такие дела!
Помилуй Господь её!

ГЕРБЕРТ *(стоя на коленях)*:
Боже, спаси её, как бледна!
(в ужасе) Мне слышится, стонет и стонет она,
Со дна ночи — стон! Боже, не дай мне!
Избави грешных от адских страданий!
Не вынести мне такие дела!

СТАРИК:
В верхушках деревьев шумит весна!
Молчи! Мой мальчик! идут сюда

ГЕРБЕРТ *(словно завороженный)*:
Все как одна
Дня не увидели после ночи.
О эти стоны в брачную ночь.
Кровавую ночь не видели б очи!
Возьми мои ухо и глаз! Прокляни!
Безумье! Бесчестье! Позорные дни!
Крик! Ты слышал, отец? Дай ответ!

СТАРИК *(тихо)*:
Нет!

ГЕРБЕРТ:
Видел их, они свечи гасили опять
Там, в виденьях моих, и не мог понять
Приближенье чувствовал, жаркий бред —
И кричал и бежать хотел, с глаз их, но нет!
Из-за этих видений я был больной
И всю ночь только плакал,
Забыл — почему

СТАРИК:
Это детство твоё уплыло во тьму —

ГЕРБЕРТ:
Отпусти меня, отче, отпусти,
Вновь стервятники тело хотят унести!
Они кровью порог окропили и место,
Где колени должна преклонить невеста
Видишь, отче, ты видишь, там кровью полито?

СТАРИК:
Это факелов жар глухо каплет на плиты.

ГЕРБЕРТ:
Тени бледной невесте всё машут и машут
Что мне делать теперь, о как же мне страшно!
Обернись же, невеста! только шаг до ворот!
О, явитесь, возлюбленные мои,
Смерть на пороге! Молись за меня!
Смерть на пороге: Позволь умереть за тебя.
Мария — Дева, проси за меня!
(бросается к окну)

СТАРИК *(падает на колени)*:
Для того ли Весну, о мой Господи Сил,
Ты на тёмную землю сейчас опустил?

П Е Р В А Я   С Ц Е Н А
(3-я редакция и фрагмент)

С Л У Г А :
Господь, помилуй её!
Как идёт она — словно гасящее свет
То виденье далёкое — ты не чувствуешь, нет?
Лишь увижу её, сразу в жар, о напасть!
На колени пред ней я мечтаю упасть
Почему моё сердце во мне так горит?
Взяв у ночи их, тысячью голосов говорит!

С Т А Р И К :
О дитя моё бедное, не смотри

М А Л Ь Ч И К :
Пощади её, Господи, невесту бледную

СИНЯЯ БОРОДА [, СТАРИК] и ЭЛИЗАБЕТ.

ЭЛИЗАБЕТ:
О Мой господин, когда шли мы, в дому
Все гасли факелы по одному!

СИНЯЯ БОРОДА:
Голубка! Ты думаешь, неслучайно?

ЭЛИЗАБЕТ:
Не знаю, но руки горят отчаянно!
Мне будто слышатся чьи-то рыданья!

СИНЯЯ БОРОДА:
Старик, на сегодня всё, до свиданья!

СТАРИК:
Господь Вас храни!

СИНЯЯ БОРОДА:
О чём ты плачешь?

СТАРИК:
Сто лет уже кровь по жилам течёт —
Господь не видал такого, как тот,
Кто Богом терзаем бы был, как Вы!
Я б жизнью своей поделился бы с Вами —
Но только всего и могу, что слезами!

СИНЯЯ БОРОДА:
Какая чушь! Прочь, ветхий малыш!

СТАРИК *(целует его руки)*:
Спаси, пощади эти бледные руки —
Иисус, пощади эти бледные руки
Доброй ночи!

(Уходит)

СИНЯЯ БОРОДА *(у окна)*:
Луна
глядит, как служанка спьяна

так нежно и грозно

ЭЛИЗАБЕТ:
Я мёрзну!

СИНЯЯ БОРОДА (*отходит от окна*):
Да ты дрожишь вся! Вина пригубь!
Чтоб огнь был в глазах и чистая глубь!
Но нет! Не смущайся! За тебя, Лизабет!
И, кстати, сколько, забыл, тебе лет?

ЭЛИЗАБЕТ:
Этой ночью пятнадцать, мой господин!
Что с Вами?

СИНЯЯ БОРОДА:
Кто тут смеялся? Я не один?
Душа моя нежная! Пей же разом!
Глянь, Месяц глядит — гладит хищным глазом!

ЭЛИЗАБЕТ:
Я Вас не пойму! Я боюсь Вас! Ах!

СИНЯЯ БОРОДА:
Какая бледность на этих щеках!

ЭЛИЗАБЕТ:
Вы мне споёте?

СИНЯЯ БОРОДА:
Из тысячи песен спою мою,
В такие ночи я часто пою.
(*поёт*)
Кто скажет, что свет её не светил,
Когда я ей волосы распустил.
Колокола, вы зачем горевать
Пустились по ней, а не ликовать.

Что тлели немые её уста,
Когда я ночью был с ней спроста.
Молчи, молчи лучше, песня вечная
Печальная столь же, сколь бесконечная.

Что гроб её долго открытым стоял,

И взгляд мой сиял как злобный оскал.
О если бы сердце заранее знало!
Иисус Христос, помилуй, помилуй!
[…]

ЭЛИЗАБЕТ всхлипывает.

СИНЯЯ БОРОДА:
Мерцает слеза, как тебе идёт!
Пей!

ЭЛИЗАБЕТ:
Я её пролила — она кровью цветёт!

СИНЯЯ БОРОДА:
Кровь! Нет, это месяца красный цвет,
Не более! Майское древо поёт!

ЭЛИЗАБЕТ:
Нас кто-то подслушивает во тьме…
[…]
Под липой вчера я видела сон
Об отчем доме, был страшен он.
(мечтательно) Хайнрих, мой мальчик, на помощь!

СИНЯЯ БОРОДА *(шёпотом)*:
Шлюха!
Равно обезьяна иль бык —
Волк иль другой какой хряк — в крик!
Клювом похоти Ночь клевать, вот отчего
Двое тут же сделают прочего,
И вот уже трое их, три, этот крик!

ЭЛИЗАБЕТ *(как заворожённая)*:

Любимый! Огонь льётся по волосам
Никто не узнает, что вчера было там
Кровь стынет и душит и в горле ком
И ночью покой покидает дом!
Я голой под солнцем ходить хочу,
Себя подставляя глазам, как лучу,
Чтоб в ярости ты о пытках молил
И мучать могла я тебя что есть сил!

Малыш, что ты там словно в землю врос
Не ты ли пить кровь хотел злее ос?
Поток пить горящих моих волос!
Не слышишь, как птицы кричат в лесу
Возьми всю меня, здесь кого я спасу —
О сильный — меня всю — жизнь, соки, красу —
Иди же сюда —

СИНЯЯ БОРОДА:
Последняя в небе погасла звезда —

ЭЛИЗАБЕТ *(как заворожённая)*:
Там ключик на шее твоей засверкал,
Из золота, верно, — каморку иль зал
Откроет он мне?

СИНЯЯ БОРОДА:
От спальни невесты — горит как в огне!
Он смерть укрывает и гибель хранит,
Из муки телесной цветёт и горит.

(Бьёт полночь! Свет всюду гаснет)

В полночь влажная вспыхнет невеста
Синим смерти цветком — ярко и честно —
Сладкая тайна да будет известна.
Плотские муки принял Господь
Празднует сам Сатана злую хоть.

(Открывает дверь ключом)

Слышишь, крылами бьёт Азраил —
Птицы кричат, слышишь хлопанье крыл?
Смерть, Гибель, Злоба из крови — бороть
Встали, бить, мять, бичевать злую Хоть.
О, трепещи! *(Бросается на неё сзади)*

ЭЛИЗАБЕТ:
Ух! Как в трепет и в дрожь меня!
Не ты! Не ты! Бросает! Спаси!
Любимый!

СИНЯЯ БОРОДА:
Как твой мальчик — и так непорочно люблю!

Непорочность, дитя, я возьму твою неизбежно, —
Целиком, горло взрежу, пронзительно-нежно!
Выпью алую кровь у голубки прекрасной
Пеной бьющийся пульс смерти яркой и страстной!
Непорочность и стыд больше негде мне взять
Всю внутри целовать и лакать и лизать

ЭЛИЗАБЕТ:
Вцепился мне в волосы! Не ведала пуще я

СИНЯЯ БОРОДА:
На моём алтаре роза девства цветущая!

ЭЛИЗАБЕТ:
Господь, вступись! Слышу зверский я рык!

СИНЯЯ БОРОДА:
Равно обезьяна иль бык —
Волк иль другой какой хряк — в крик !
Клювом похоти Ночь клевать, вот отчего
Двое тут же сделают прочего,
И вот уже трое их, три, этот крик!
Неужто никто не склонится к беде моей?

СИНЯЯ БОРОДА (*кричит*):
Боже!

(*Он тащит ее в глубину сцены. Раздаётся пронзительный крик. Затем глубокая тишина. Через некоторое время появляется* СИНЯЯ БОРОДА, *весь в крови, охмелев от страсти, вне себя, и падает, словно подкошенный, перед Распятием*)

СИНЯЯ БОРОДА (*затихая*):
Боже!

С И Н Я Я   Б О Р О Д А :

Снова гость мой так нежен, смеётся так сладко.
Отчего горяча ты! У тебя лихорадка!

(Гладит её пальцы)

Когда ты вдыхаешь эту лунное счастье,
Тритоны и лилии полнятся страстью.
Хей, как из трепетных кубков пеной дымится,
И тело на тело гноясь громоздится —
И брызжа слюной пожирается снова
Этой борьбой — борьбой! жаркой весомой

317

СМЕРТЬ ДОН-ЖУАНА
(Трагедия в 3 актах; фрагмент)

DON JUANS TOD
(Eine Tragödie in 3 Akten)

PROLOG

[…] торжественно высокие виденья […].
[…]
[…] Дионисийский лик,
Где радости все, мира тех божеств,
Погибшие, казалось, вновь явились
Внук тех, кого любили боги и кого
Жизнь осеняет и освобождает.
Увы!
Земного бытия пустая и боль[…ная?] Маска
Бездвижно смотрит на меня,
За ней же смерть и жаркое безумье.
[…]
[…] мученьями горящая [судьба …]
[…]
Итогом тёмных дел, с самим собой в разладе —
Рождённый на чужбине, ком страданий.
Он победитель, проигравший сам себе,
На ледяных вершинах, чуждых человеку,
Охотник, стрелы направлявший в Бога.

ТРЕТИЙ АКТ ТРАГЕДИИ
(1-я редакция)

DER TRAGÖDIE DRITTER AKT
[1. Fassung]

Сцена: Зал в замке ДОН ЖУАНА.

КАТАЛИНОН *(бормочет себе под нос)*:
Что там скребётся в дверь? Кончай!
Не сдвинусь с места! — Нет, так терпелив,
Он, словно зверь, умея получить
Ответ от тишины самой — царапай лапой! Эй ты,
Потише! Здесь ведь ад — сказал я ад?
Не вход ли в небеса? Кто знает!
О словом слабым тот напрасный поиск
Непостижимого, что в тёмной тишине
Касается пределов крайних духа.
Потише там! Пойду открою дверь!

(Подходит к двери и отодвигает засов)

Входи, неутомимый! Если ты
Вдруг человек, оставь язык за дверью,
Чтоб не дерзил мне тут.

ФИОРЕЛЛО *(дрожа всем телом, входит)*.

КАТАЛИНОН:
Я так и думал!

ФИОРЕЛЛО:
Что только ты здесь!
Дом пуст стоит, и слуги убежали.
О злодеянии крича в пространство ночи,
Которое готовится в сей час.

КАТАЛИНОН:
Молчи, старик!

ФИОРЕЛЛО:
Бесчинство безнаказанное!

КАТАЛИНОН:

Кончай ты эти речи, ибо знаю,
Куда ты клонишь. Но, сказал, молчи
молчи!

ФИОРЕЛЛО:
Уже молчу, ужасный человек.

КАТАЛИНОН:
И если что не так, то уходи!
Тебе бы лучше…

ФИОРЕЛЛО:
Чтоб я в сердцах покинул господина!
Нет, я останусь, хоть убийствен страх
И ожидание того, что должно вскоре
Произойти.
(Садится)

КАТАЛИНОН (напевает вполголоса):
Я свет пылающий в твои глаза
Погасшие как семя насажу
И вырву бедного из мрака смерти,
Ни Бог, ни дьявол мне не помешают!

ФИОРЕЛЛО:
Ужасный человек!

КАТАЛИНОН (прислушиваясь):
Он приближается — он здесь уже!

ДОН ЖУАН:
Прочь, мерзкий призрак!
Зачем меня ты гонишь из постели.
Когда трепещет ужас-упоенье
В моей крови и наполняет взор
Сверхчеловечьими виденьями. Прочь, прочь!
Твою гримасу породил развратный страх,
Мне тошно на тебя смотреть — я не хочу,
Но должен. Ты извержение моих горячих чувств
Схвачу тебя, проклятое созданье.
И овладею. Руками этими душить, испепелять
Пыланьем моего дыханья, облик зверя!
Ах! Все ещё передо мной ты, смотришь на меня

Из смертью застывающих глазниц, в которых
Тьма, куда не проникал ни лучик света, плачет.
И комнату залила тишиной, что в сердце
Мне проникает, бледное, как склеп
И вспененное пульсом, и змеится
Вкруг пьяного восторга чувств моих,
И дальше, дальше от меня бежит
Многоголосый звук и затихает, обрываясь
В пустыне мрачной. Сузилось пространство,
Пожирает, как облако, и ближние к себе
Предметы ест. И поднимается ко мне уже,
Мне угрожает заключить в объятья.
Бесформенная, прочь!
Всё ещё кровь моя грохочет в этом мире,
Земля всё держит, как же ты смешон.

(Пошатываясь, подходит к окну и распахивает его)

Открою широко ворота жизни,
Пусть звуки закипят в моих объятьях,
Крылами пусть окутают меня — и я…
И я его!
И мир вдохнуть, и снова миром стать.
Я — звук, я — красок блеск — я есмь,
Движенье бесконечное — я есмь.

DER TRAGÖDIE DRITTER AKT
[2. Fassung]

(ДОН ЖУАН *появляется в двери справа, через которую виден труп* ДОННЫ
АННЫ, *лежащий на смертном ложе в тускло освещенной комнате*).

ДОН ЖУАН:
Прочь, мерзкий лик!
Зачем ты меня гонишь из постели.
Когда трепещет ужас-упоенье
В моей крови и наполняет взор
Сверхчеловечьими виденьями. Прочь, прочь!
Твою гримасу породил развратный страх,
Мне тошно на тебя смотреть — я не хочу
Но должен.

(Хватает руками воздух)

Схвачу тебя, проклятое созданье.
Ты извержение моих горячих чувств,
И овладею. Руками этими душить, испепелять
Пыланьем моего дыханья, облик зверя!
Ах! Все ещё передо мной ты, смотришь на меня
Из смертью застывающих глазниц, в которых
Тьма, куда не проникал ни лучик света, плачет.
И комнату залила тишиной, что в сердце
Мне проникает, бледное, как склеп
И вспененное пульсом, и змеится
Вкруг пьяного восторга чувств моих,
И дальше, дальше от меня бежит
Многоголосый звук и затихает, обрываясь
В пустыне мрачной. Сузилось пространство,
Пожирает, как облако, что ближние к себе
Предметы ест. И поднимается ко мне уже,
Всё угрожая заключить в объятья.
Бесформенное, прочь!
Всё ещё кровь моя грохочет в этом мире,
Земля всё держит, над тобой смеюсь.
Открою широко ворота жизни,

Пусть звуки закипят в моих объятьях,
Крылами пусть окутают меня — и я...
И я его!
И мир вдохнуть, и снова миром стать.
Я — звук, я — красок блеск — я есмь,
Движенье бесконечное — я есмь.

С громким криком падает на ступени лестницы.

ЯВЛЕНИЕ ВТОРОЕ

II. AUFTRITT

Входят ДВОРЕЦКИЙ, ФИОРЕЛЛО *и* КАТАЛИНОН.

Входят ДВОРЕЦКИЙ, ФИОРЕЛЛО *и* КАТАЛИНОН.

318

ФРАГМЕНТ ДРАМЫ
(1-я редакция)

DRAMENFRAGMENT
[1. Fassung]

1

Хижина на опушке леса. На заднем плане замок. Уже вечер.

АРЕНДАТОР:
Рабочий день закончен. Солнце закатилось. Зайдём в дом.

ПЕТЕР:
Сегодня возле мельницы нашли тело мальчика. Деревенские сироты пели о его чёрном тлении. Красные рыбы съели его глаза, зверь разодрал серебристое тело; синяя вода вплела в его тёмные локоны венок из крапивы и дикого тёрна.

АРЕНДАТОР:
Красное Вчера, когда волк разорвал моего первенца. Проклятие, проклятие сквозь тёмные годы. О котором ты мне напоминаешь: Мягко звонят колокола, медленно чёрные мостки встают горбом через ручей, и красные охотники перекликаются в лесу. Темно поёт безумие в деревне; завтра, возможно, мы снимем покров с дорогого покойника. Отпусти нас. О, ботала стад на опушке леса, шорох хлебов —

ПЕТЕР:
Ваша дочь —

АРЕНДАТОР:
Ты говоришь о своей сестре! Я видел сегодня ночью в звёздном пруду её лик, закутанный в кровавый покров. Отчая Странница —

ПЕТЕР:
Сестра, поющая в терновом кусте, и кровь текла с её серебристых пальцев, пот — с воскового лба. Кто выпил её кровь?

АРЕНДАТОР:
Боже, Ты посетил дом мой. В тусклых комнатах я стою склонив голову, перед пламенем очага моего; в нём сажа и чистота, и в тени я вижу костлявого гостя; пылающая слепота. Где ты, Петер?

ПЕТЕР:
Зелёные змеи шепчут в лещине — Шаг в ангельском пламени —

АРЕНДАТОР:
О пути, усеянные терниями и камнями. Кто позвал тебя; чтобы ты в дремоте покинул дом и белую голову прежде, чем утром прокричал петух.

О врата монастыря, что закрываются тихо. Грозы проходят над замком. Адские рыла и пламенные мечи ангелов. Прочь! Прочь! Прощайте.

О жатва к(которая)… Уже шелестит на ступенях дома дикий сорняк, вьёт в стенах гнездо скорпион. О дети мои! Мария, ты говоришь со мной, ушедшим ребенком, синий источник моя умершая жена, — и старые деревья падают на нас. Кто говорит? Иоанна, дочери белый голос в ветра ночном, из каких печальных паломничеств ты возвращаешься домой. О ты, кровь моей крови, путь и мечтатель в лунной ночи — кто ты? Петер, темнейший сын, нищий, сидишь ты на краю каменистого поля и жаждешь заполнить молчание отца твоего. О летняя тяжесть хлебов; пот и вина, и наконец в пустых комнатах опускается усталая голова. О с детства шелест липы, тщетная надежда на жизнь, окаменевший хлеб! Склонись теперь тихая ночь.

Он прячет голову в ладони.

2

Тернистые заросли, скала, источник. Ночь.

Жаль и коли меня чёрный терновник. Ах, всё еще звенят от дикой грозы серебристые руки. Лейся кровь из неустанных ног. Какими белыми они стали от ночных дорог! О писк мерзких крыс во дворе, аромат нарциссов. Розовая весна вьёт гнезда в болящих бровях. Что играете вы в моих разбитых глазах, истлевшие видения детства. Прочь! Прочь! Разве не багровый цвет стекает с моих уст? Белые танцы под луной. Зверь ворвался в дом с задыхаясь горлом. Смерть! Смерть! Как сладка жизнь! в лысом дереве мать живет, смотрит на меня моими грустными глазами. Белый локон отца утонул в кустах бузины — это Любви мои горящие волосы. Не прикасайся к нему, сестра, своими холодными пальцами.

Бесшумный полёт полыхающего цветка —

Горе, рана, которая зияет в твоем сердце, дорогая сестра.

НАВАЖДЕНИЕ:
Жгучая похоть; мучение без конца. Почувствуй черноватые схватки моего лона.

ИОАННА:
В тени твоей чей лик явился; металлические сочленения и огненные ангелы в глазах; сломанные мечи в сердце.

НАВАЖДЕНИЕ:
Горе! Мой убийца!

НАВАЖДЕНИЕ падает.

ИОАННА:
Пылающий стыд, убивающий меня; Элаи! Снежный огонь на луне!

Падает без чувств в терновый куст, который смыкается над ней.

СТРАННИК:
Что кричало в ночи, нарушило сладкое забвение моё в чёрной туче? Дорога и холм, где я отдыхал в пылающих слезах — пусть Бог будет только видением, шагом в мшистом лесу, хижиной, которую я покинул в красном сиянии заката, женой и ребёнком. Прочь от этих страшных теней.

УБИЙЦА:
Свинцовый шаг в небытие. Кто оторвал меня от сна; заставил меня идти пустынными путями. Кто отнял у меня лицо, превратил моё сердце в известь. Да будет проклято имя твоё! Кто вырвал лампу из моих рук. Дикое забвение. Кто вложил нож в мою красную правую руку. Хохочущее золото! Проклятие! Проклятие!

Уставился взглядом в пространство.

СТРАННИК:
Как темно стало вокруг меня; голос в душе возвещает о несчастье, святая мать стирает пот с моего лба, кровь; печальный зов чёрного дрозда, полуденное солнце в лесу — где я видел это?

УБИЙЦА *(бросаясь на него)*:
Собака, вот твои кости!
(Втыкает в него нож)

СТРАННИК *(умирая):*
Прочь от горла чёрную руку — прочь от глаз ночную рану — детства багряный кошмар.

Падает навзничь.

УБИЙЦА:
Хохочущее золото, кровь — О будь проклят!

Обыскивает ранец мертвеца.

319

ФРАГМЕНТ ДРАМЫ
[2-я редакция]

DRAMENFRAGMENT
[2. Fassung]

В хижине арендатора. Ночь. АРЕНДАТОР, ПЕТЕР, его СЫН. Раздаётся стук.

ПЕТЕР:
Кто это?

ГОЛОС СНАРУЖИ:
Откройте!

ПЕТЕР открывает, входит КЕРМОР.

КЕРМОР:
Я сломал шею своему коню в лесу, когда безумие вырвалось из его багряных глаз. Тень от вязов падала на меня, синий смех воды. Ночь и луна! Где я. Если врываюсь я в сладкую дрёму, серебристые волосы ведьмы развеваются вокруг меня! Странная близость ночнеет вокруг меня.

Падает у очага.

ПЕТЕР:
Его висок кровоточит. Его лицо черно от гордости и горя, отец!

АРЕНДАТОР:
Рабочий день закончен. Солнце закатилось. Умолкни наша жизнь.

ПИТЕР:
Тело монаха нашли сегодня возле мельницы. Сироты деревни воспели его чёрное тление. Красная рыба выела его глаза, а зверь разодрал серебристое тело; в синей воде венок из крапивы и дикого тёрна, тёмные волосы заплетены в косы.

АРЕНДАТОР:
Красная звезда, зеленеющая утром. Жена умерла, первенец погиб, глаза старика ослепли. Проклятие сквозь тёмные годы. Кто пришел к нам как странник?

КЕРМОР (*во сне*):
Перекликайтесь, красные охотники. Чёрные горбатые мостки, медленно встающие над ручьём. Леса и колокола. Тихо серебристая рука снимает плащаницу с тёмного спящего, втыкает в терновник металлическое сердце. Лунный лик —

А р е н д а т о р:
Погаси пламя в очаге! Кто покидает меня!

П е т е р:
О сестра, поющая в терновом кусте, и кровь, стекающая с ее серебристых пальцев, пот с её воскового чела. Кто пьёт её кровь?

К е р м о р (*во сне*):
О её пути в камне. Звёздный лик, окутанный ледяной пеленой; поющая Странница — тьма волной в моём сердце.

А р е н д а т о р:
Ужасен Бог, посетивший мой дом. Сжат хлеб, подавлен виноград. О, мрачные комнаты!

П е т е р:
Пот и долг! Отец, слышишь, ворота обители тихонько открываются. Падающие звёзды! Грозы проходят над замком, адские рожи и пламенные мечи ангелов — …

К е р м о р (*во сне*):
Девочка, светящееся лоно твоё в звёздном пруду…

П е т е р:
О розы, грохочущие в грозу! Прочь! Прочь! Прощайте.

Он бросается прочь.

К е р м о р (во сне):
Уймись, чёрный червь, багряно пронзающий сердце моё! Истлевшая луна, следующая сквозь гнилые руины — - — -

А р е н д а т о р:
Пётр, тёмный сын, нищий, ты сидишь на краю каменистого поля и жаждешь заполнить молчание отца твоего. О осенняя тяжесть пшеницы, серпа и тяжелой ходьбы, и наконец в голых комнатах падает белая голова.

(В этот момент ИОАННА выходит из своей спальни.)

Иоанна, блуждающий огонёк, ты говоришь с нами, тихое дитя, синим голосом источника, моя умершая жена, — и старые деревья, посаженные покойником, падают на нас. Кто говорит. Иоанна, дочь моя, белый голос в ночном ветре, одетая для багряного странствия; О кровинушка от моей крови, тропа и видение в лунной ночи. Кто мы? О тщетная надежда на жизнь; о окаменевший хлеб!

Его голова падает.

И О А Н Н А (*блуждая во сне*):
О дикая трава на ступенях, что раздирающая замерзающие ноги,
образ в твёрдом хрустале, пусть серебристые ногти зароют тебя — о
сладкая кровь.

К Е Р М О Р (*пробуждаясь*):
Пробуждение от коричневых маков! Тихие голоса ангелов смолкли.
Взвой осенняя буря! Пади на меня, чёрная гора, стальное облако;
виновен путь, который привел меня сюда.

И О А Н Н А :
Хохочущий голос в ночном ветре — - -.

К Е Р М О Р (*заметив её*):
Тернистые ступени в тлении и тьме; пылай, багряное пламя адского
огня!

Он поднимается и скрывается в темноте.

И О А Н Н А (*встаёт во весь рост*):
Кровь моя на тебе — раз ты в сон мой ворвался.

АФОРИЗМЫ

APHORISMEN

Только тому даётся познание, кто презирает счастье.

[1908]

Чувство в мгновения бытия, подобного смерти: все люди достойны любви. Пробуждаясь, ты ощущаешь горечь мира; в ней — вся твоя неразрешённая вина; твоё стихотворение — несовершённое искупление.

[1914]

Второе высказывание (весьма существенное для понимания поэтом выдвинутой им концепции Жертвы) записал Людвиг фон Фикер, приехавший в Зальцбург, чтобы проводить Тракля на фронт. Это ответ Георга на его вопрос, что он чувствует в момент, когда смерть близко.

ПОСЛЕСЛОВИЕ ПЕРЕВОДЧИКА

Прошло уже чуть меньше тридцати лет со времени выхода основательного корпуса стихотворений Георга Тракля* и чуть больше тридцати с момента появления его первой книжки на русском языке**. и хотя многие переводы уже тогда получились и «сидят как влитые», сложилось также и ясное понимание того, что направление перевода нуждается в некоторой корректировке.

Со временем выяснились две основные вещи: нельзя оставлять без внимания особенный словарь Тракля, заимствующий понятия из чудной шкатулки (*Wortschatz*) немецких романтиков, главным образом из Новалиса, кумира его юности (таким же кумирром из эпохи, лежащей к нему ближе, был Метерлинк). И спустя сто лет они являются заметной чертой стиля (звучат максимально «старомодно» или воспринимаются как нарочитая стилизация).

Далее: имя Новалиса возникает в связи с Георгом Траклем закономерным образом ещё и потому, что его влияния и «следы» (включая характерный набор ключевых слов) появляются в решительный момент созревания поэта как большого и значимого автора***.

Этот момент, как мне представляется, до сих пор должным образом не оценён, а между тем такой угол зрения вынуждает менять если не весь лексический состав при переводе, то во всяком случае, отнестись к нему с большей строгостью.

---

*   Георг Тракль. Стихотворения. Письма. СПб.: Симпозиум, 1996.

**   Георг Тракль. Избранные стихотворения. Перевод с немецкого, предисловие и комментарии А. Прокопьева. М.: *Carte Blanche,* 1993.

*** Становление поэта как зрелого мастера и роль сестры в этом всегда нелёгком процессе я постарался показать на примере неопубликованных при жизни стихотворений. Там я пишу: «Не хватает абсолютных метафор. Они скоро придут. Как только в его стихах появится сестра, в самых разных обличьях». См. Артикуляция. Литературно-художественный альманах. Георг Тракль (*1887–1914*). Из собрания неопубликованных при жизни стихотворений *1909–1912*. Выпуск №7. Переводы и комментарии Алёши Прокопьева *http://articulationproject.net/3579*

«Гимны к Ночи» можно рассматривать как претекст «большого текста» Тракля.

Первый же гимн со второго абзаца переходит к классификации «обличий живого на Земле». Это камень, растение, зверь, Странник.

*Огромный мир неугомонных созвездий вдыхает глубочайшую душу жизни — Свет, и плывёт в его танцующем синем потоке — вдыхает свет и искрящийся, вечно покоящийся камень, и тонко чувствующее, сосущее (соки земли) растение, и дикий, распалённый, принимающий множество обличий зверь — но прежде всех величественный Странник, с осмысленными глазами, летящей походкой и пленительно замкнутыми, богатство звуков хранящими устами».**

Wie des Lebens innerste Seele athmet es der rastlosen Gestirne Riesenwelt, und schwimmt tanzend in seiner blauen Flut — athmet es der funkelnde, ewigruhende Stein, die sinnige, saugende Pflanze, und das wilde, brennende, vielgestaltete Thier — vor allen aber der herrliche Fremdling mit den sinnvollen Augen, dem schwebenden Gange, und den zartgeschlossenen, tonreichen Lippen.

Большинство текстов зрелого Тракля структурно вторят этой схеме, она проступает в них вновь и вновь.

Камень у него часто мыслится как надгробный: переосмысливается — искрами сверкающий, вечно недвижимый минерал. Каким-то образом это коррелирует с высказыванием Новалиса: «Жизнь — памятник памяти».

Растение упоминается чуть ли не в каждом стихотворении. В стихотворении «Семипсалмие смерти» повторяется слово из Новалиса — *saugend (unter saugenden Bäumen)*:

Голубея брезжит весна; под сосущими землю деревьями
Переходит Тёмное в закат и в гибель…

Образ зверя — сложный, многослойный, разветвлённый, входит в список ключевых слов.

Странник (*Fremdling*, или даже *Wanderer*, как у Новалиса, Хёльдерлина, Гёте) — важнейший сквозной образ. О том, что понимается под Странником у Тракля, скажу ниже.

---

*   См.: Георг Тракль. Избранные стихотворения. Перевод с немецкого, предисловие
    и комментарии А. Прокопьева. М.: *Carte Blanche*, 1993.

Образ умершей невесты Новалиса связан с образом сестры Тракля мотивом бесплотного слияния в животворящей Ночи (посмертного в первом случае, в процессе умирания — во втором).

Но самое главное: образ невесты у Новалиса и сестры у Тракля подвергаются одной и той же мифо-поэтической метафорической трансформации: умершая невеста, она же милое Солнце Ночи. Тракль делает ещё один шаг: он говорит, мальчик *Jungling*, мальчик-Солнце или солнечный мальчик.

В перверсии Тракля образ умершей сестры, вероятно, обязан подсознательному: в жизни сестра никоим образом не может быть невестой, стало быть, только Ночь может соединить их узами любви, как и в тексте его великого предшественника, только смерть.
Вот в каком контексте выплывает у Новалиса Солнце Ночи:

«Хвала Повелительнице мира, высшей провозвестнице святых миров, хранительнице благодатной любви — она посылает мне тебя — нежную возлюбленную мою — милое Солнце Ночи, — и вот просыпаюсь я — ибо я Твой и я Мой — ты благовествовала мне ночь для жизни — сделала меня человеком — да пожрётся в пламени духа тело моё, чтобы в воздухе я сокровенней с тобою смешался, чтобы длилась вечно затем брачная ночь».

Не менее важен и другой (рукописный, разбитый на строки) вариант.
Конец Первого гимна в рукописи отличается:

Хвала повелительнице мира,
Высшей провозвестнице
Святого мира,
Хранительнице
Благодатной любви —
Ты вернёшься, Любимая —
И вот уже ночь здесь —
Восх`ищена моя душа —
Прошёл земной день
И ты снова Моя.
Я гляжу в твои глубокие тёмные глаза
И вижу любовь лишь с блаженством.
Мы опустимся на алтарь Ночи
На мягкое ложе —
Падёт покров
И, зажжённое жарким гнётом,

«Сладкой жертвы чистое пламя» Тракль переосмысливает очень по-своему. Он придаёт ореол Жертвы всему человеческому роду. Делается это при помощи слова *Geschlecht,* означающего в немецком и род, племя (которое поэт переносит на всё человечество), и пол (мужской и женский: явное следствие перверсии, в которой сестра выступает в синкретическом обличии Солнца-мальчика-послушника-монаха в женском облике (для чего придумывает слово *Mönchin:* от *Mönch,* монах. Монахиня по-немецки *Nonne.*)

Сквозь призму Гимнов, абсолютно неожиданно и совершенно по-иному воспринимается всякое упоминание у Тракля холма (*der Hügel*).

НОВАЛИС:
«*Однажды, когда горькие слёзы я лил —
Когда, в боль претекая, надежда иссякла, когда у сухого стоял одиноко холма, в узкой тьме хоронившего слепок жизни моей — одиноко, каким никакой Одинокий ещё не бывал, не сказать, каким страхом тесним — обессилев, и в бедственных мыслях одних. — Когда, ища помощи, озирался затравленно. Не смея вперёд, ни назад, цепляясь за жизнь в беспредельной тоске, убегавшую, гасшую: — Пал из синих далей тогда — с моих прежних вершин блаженства ливень сумерек — и рассёк в час един узы рождения — оковы Света. Канула Сила-и-Слава земная и тоска моя вместе с ней — и печаль воедино слилась с новым миром неисследимым — Ты, восторг Ночи, чуткая Дремота неба, пронизала меня — и округа легко вознеслась; и над ней мой отпущенный, новонарождённый носился дух. Облаком праха всклубился <u>холм</u> (подчеркнуто мною — А. П.) — сквозь клубы эти видел: черты прояснялись любимой. В очах её вечность почила — я взял её за руки, неразрывными узами стали сверкавшие слёзы. Тысячелетия скрылись вдали, прогрохотав как гроза. На груди её рыдал я, у новой жизни восхищенных слёз уже не тая. Это было первое, единственное видение, и с тех пор со мной вечная и неизменная вера в Небо Ночи и в Любимую, Солнце его.*

Многочисленное упоминание холма (с которого скатывается Солнце), как мне кажется, обязано своим возникновением мистическому озарению Новалиса.

КОМПЛЕКС: СОЛНЦЕ — СОЛНЦЕ НОЧИ — УМЕРШАЯ НЕВЕСТА — СЕСТРА — МАЛЫШ(КА) — (УМЕРШИЙ) МАЛЬЧИК (ЗАКАТИВШЕЕСЯ СОЛНЦЕ) — ПОДСОЛНУХ — ГЕЛИАН — (МАЛЬЧИК) ЭЛИС

А вот в каком контексте выступает Солнце в стихотворном варианте, в обращении к Свету в четвёртом гимне Новалиса:

Но верным Ночи
Остаётся моё загадочное сердце
И её дочери,
Творящей Любви.
Можешь ли найти мне
Вечно верное сердце?
Где у твоего солнца
Приветливые глаза,
Узнающие меня?

(По смыслу риторического вопроса, приветливые глаза у Солнца Ночи, но не у Солнца Света).

В тексте Тракля возникает (проявляется постепенно по мере углубления в него) развивающийся на основе новалисовского мифа мощный синкретизм (делаются дальнейшие шаги уже в развитие собственного мифа): умершая невеста (Новалиса) — Солнце ночи — сестра (Тракля) — Элис (умирающий мальчик), Гелиан (и в завершающем первый сборник стихотворении «Гелиан» говорится о детстве мальчика, впоследствии умирающего): в образе мальчика перверсивно соединяются сестра и брат, Грэтль и Георг. Смерть = умирание = (ночное) помрачение (отрешённость духа) — ночь способствует этому.

Стихотворение «Этого часа молитва» начинается строкой:

Тёмными взглядами обмениваются любящие.
Светловолосы, лучисты. В оцепенелом мраке
Руки сплетаются хрупко в тоске.

и заканчивается:

В брезжущем саду шаги и молчанье умершего мальчика.

В стихотворении «Мальчику Элису» (*An den Knaben Elis*)

Элис, в чёрном лесу тебя уже кличет дрозд —
Это значит, пора закатиться.
Синий холод ключа, бьющего из скалы, пьют твои губы.

«мальчик Элис» отождествляется с Солнцем Ночи.

В стихотворении «Меланхолия» последние две строки:

…Льнут губы, локоны блистают ядом
У солнца-мальчика, лиясь рекою.

В стихотворении Гелиан:

Пожелтевшие луны покатились неспешно
И неслышно в свивальники бреда,
Не успел ещё мальчик обратиться в молчанье зимы.

В стихотворении «У монашьей горы» (во 2-й редакции):

гиацинтовый голос мальчика…

и мы вспоминаем строку из стих. Мальчику Элису:

Плоть твоя — гиацинт.

В стихотворении «Отверженные» *(Die Verfluchten)* происходят удивительные метаморфозы.

В первой части посреди бедлама (борделя) возникает Малышка:

Малышка, ты — перед дверным стеклом —

Вся в белом и в сиянии венца.

Во второй части это уже мальчик:

2
Там синий плащ чумы, там вечер ждёт.
Угрюмый гость неслышно дверь прикрыл.
И клён в окне, и тяжесть чёрных крыл.
В ладони мальчик ей лицо кладёт.

В третьей части:

Лунатик-мальчик. Чёрной ночи мгла.
Рука покойницы на рот легла.
Улыбка Сони — нежность через край.

И завершается всё улыбкой Сони (Мармеладовой) из «Преступления
и наказания» Ф. Достоевского в стихотворении «Покой и молчание»
(*Ruh und Schweigen*):

> *Снова ночью очнёшься на лунных холодных камнях:*
> *Сияющим мальчиком*
> *Проходит сестра мимо осени в чёрное тленье.*

Во второй редакции стихотворения «Странник» (*Der Wanderer, 2. Fassung*):

> *За мальчиком ходит умерший лик,*
> *Серп месяца в розовой бездне…*

В четвёртой редакции стихотворения «Страна заката»:

> *1*
> *Вышел месяц, словно покойник,*
> *Или то Элиса шаг*
> *Шорохом полнит листву*
> *Гиацинтовой рощи,*
> *Отзвуком длясь под дубами?*
> *О, призрачный облик мальчика…*

В стихотворении «Видение и помрачение ночи» (*Traum und Umnachtung*):

> *и когда в разбитом зеркале умирающим мальчиком возникла сестра,*
> *ночь их проклятый род поглотила.*

Сопоставление мальчик — сестра в стихотворении «Жалоба» (*Klage
(Jüngling aus kristallnem Munde)*):

> *Мальчик, золотистый взгляд твой*
> *С уст хрустальных пал на дол…*
> *О сестра, ты бровью синей*
> *Тихо в ночь меня зовёшь…*

В стихотворении «Откровение и гибель» (*Offenbarung und Untergang*):

> *Тихо выступил из белённой стены несказанный лик — умирающий*
> *мальчик — красота возвращающегося домой рода. Лунно-бело обнял*
> *холод камня бессонный висок, отзвучали шаги теней по прогнившим*
> *ступеням, розовый в палисаднике хоровод. ….*

> *…Убей себя! Стеная воздвиглась во мне тень мальчика и заглянула*
> *в меня из хрустальных сияющих глаз, так что с плачем упал под дере-*
> *вьями я, под звёздным могучим сводом…*

…и воздвиглась мальчика синяя тень, сияя во тьме, нежное пение; воспарил на лунных крыльях над зеленеющими кронами, над хрустальными утёсами белый лик сестры…

Серебристыми ступал я подошвами, по терновым ступеням спускаясь, и зашёл в белёную комнату.

Тихо горела лампадка и зарылся я молча главой в багряные простыни; и выкинула земля детский труп, лунный призрак, что медленно вышел из тени моей, обвалилась каменная плита с разломанными руками, пушистый снег.

(Кстати: в словах «несказанный лик — умирающий мальчик — красота возвращающегося домой рода» под «домом» имеется в виду вовсе не земное пристанище человека).

В стихотворении «О обитание в тишине брезжущего сада…» (*O das Wohnen in der Stille des dämmernden Gartens…*) происходит слияние (приведём его полностью):

О обитание в тишине брезжущего сада,
Когда глаза сестры темно и кругло во брате открылись,
Багрянец их разломанных губ
В прохладе вечера сплавился воедино.

Разрывающий сердце час.
Сентябрь налил зрелостью золотистые груши. Сладок ладан
И горит георгин на ветхом заборе
Скажи! где мы были, когда в чёрной лодке
Переплывали пруд на закате,

И перелетал его журавль. Стыли руки,
Чёрное обхватив, и внутри текла кровь.
И влажная синева у наших висков. Бедный ребёнок.
Из глубины понимающих глаз: мальчик? девочка? — тёмный пол.

Переживание гибели, заката человеческого рода, связывается с его разделённостью на два пола и возникающими отсюда неустранимыми противоречиями.

Остальное пусть читатель найдёт сам и дополнит свой собственный, самостоятельно у него сложившийся, образ специфической и плодотворной поэтики Тракля.

О СЛОВЕ *TRAUM* У ТРАКЛЯ (НЕ МЕЧТА, НЕ ГРЁЗА, НЕ СОН, НЕ СНОВИДЕНИЕ, А ПРОСТО — ВИДЕНИЕ)

В сборнике «Стихотворения» (1913) пять раз встречается слово *traumhaft*. И хотя нормативный перевод его «упоительный, сказочный», но у Тракля это наречие лучше понимать как окказиональное «словно бы во сне».

Есть ещё слово *traumwandelnd* (в стихотворении «Прогулка»), сомнабулическое, лунатическое состояние; характерно, что мы видим его ещё в юношеской пьесе «Смерть Дон Жуана».

Кроме того, *Traumgestalt*, «призрачная фигура».

И собственно *Traum* — трижды.

И — и это самое удивительное: в сборнике *Sebastian im Traum* (1915) слово *Traum* встречается лишь дважды, да и то только в названиях (в названии стихотворения и сборника, названного по стихотворению, а также в названии финального стихотворения в прозе, «Видение и помрачение ночи» (*Traum und Umnachtung*). В случайность такого слово(не)употребления не верится.

Образ Себастьяна «списан» с католического святого, персонажа некогда сверхпопулярного сюжета в живописи — юноша, привязанный к столбу или дереву и пронзённый стрелами. Что происходит? Юноша (мальчик) умирает (см. выше — образ сестры; а также слияние образа сестры со своим, когда он был мальчиком). И тогда сочетание *Im Traum* — вряд ли Себастьян в это время спит, Себастьян, скорее, находится в бреду. В любом случае — в состоянии изменённого сознания, когда раненого и умирающего посещают галлюцинации, видения.

Какая, казалось бы разница — сновидение или видение? Однако разница большая и ощутимая. В сновидении речь идёт о чисто иллюзорном мире, о мире, созданном так называемым подсознанием. Ониризм, задолго до сюрреалистов, конечно, отчасти характеризует и некоторые стихи Тракля, особенно периода первого сборника, но тогда он пишет *traumhaft*. Или *Im Schlaf*. А вот *Im Traum*, в видении — имеется в виду мир реальный, и он смешивается со зрением, выходящим за пределы реального мира и времени. В некоторых случаях, с про-зрением. Не случайно словосочетание «духовный год», время сознательной жизни человека в духе (*geistiges Jahr*; причём *geistig* в этом случае можно ведь перевести и как «отрешённый», «не от мира сего»).

Видение, состояние изменённого сознания — отличная основа для нового поэтического языка, оказавшегося востребованным сразу после Первой мировой войны, чем отчасти и объясняется пришедшая к Траклю слава.

Другое следствие верного истолкования *Im Traum* — сами эти видения.

Повторяющиеся приметы ландшафта *(Kirchen, Brücken, Spital, Stege, Kanal* — церкви, мосты, больницы, мостки, лес (край леса, опушка). Это всё приметы окружающей действительности, реальные Зальцбург, Инсбрук и городки поменьше. И одновременно элементы (единого) видения.

Холм *(der Hügel)*: «Однажды, когда горькие слёзы я лил, когда, в боль претекая, надежда иссякла, когда у сухого стоял одиноко холма...» (вспомним Третий гимн из Новалиса), реальность его одновременно и сверхреальна.

И тогда только раскрывается во всей полноте: *Verfall, Untergang* (Распад, Заход (солнца), Гибель), ужас и щемящая красота и хрупкость мира, своеобразная эсхатология — главная тема экспрессионистов; и тут из третьеразрядного символиста поэт переходит в отряд крупных авангардистов. Одних видений для этого было бы, разумеется, мало. Необходимая смесь получается словно сама собой с помощью просодии, новых для начала XX века форм стиха, абсолютных метафор, фрагментарности, невероятного религиозного чувства и столь же страстной антирелигиозности, ощущения физической нечистоты и стремления к духовной чистоте и полноте бытия.

(Визионерские) видения служат основой для нового типа композиции. Не сразу, но решительно оставлен сонет, длина строк варьируется в зависимости от замысла, рифма становится не нужна, появляются стихи в прозе, или — наоборот — рифма обязательна для метрически жёстких 4-стопников, хотя бы в виде рифмоидов или повторяющихся в конце строки одних и тех же слов (что ещё ярче, от противного, подчёркивает их «специальность», подчёркивает, что рифма это именно приём, а не имманентный стиху элемент). Некоторые приёмы раскрываются в комментариях к стихотворениям.

АБСОЛЮТНАЯ МЕТАФОРА (И ЦВЕТОВЫЕ ЭПИТЕТЫ КАК ЕЁ ЧАСТНЫЙ СЛУЧАЙ).

Абсолютная метафора, заимствованная у «про́клятых поэтов», и проникшая в экспрессионизм главным образом через поэтику Георга Тракля и Георга Хайма, становится одним из главных отличительных признаков нового движения. В ней «обе составляющие метафоры — и отдающая, и принимающая образ — сами по себе предельно зашифрованы. Философской и эстетической основой возникновения абсолютной метафоры послужил глубокий языковой скепсис и сомнения в истинности отношений языка и действительности, свойственные переломной эпохе рубежа XIX–XX веков. Так же, как в метафоре эпохи барокко, в новой метафоре устанавливалась связь между «иносказательно выраженным» и «собственно подразумеваемым». Однако современная метафора «ничего реального более не зашифровывает. Она плавает на поверхности стихотворения, как цветок без стебля» (Г. Нойман), как некое «странствующее „странно“» (С. Кржижановский). Она пытается назвать то, чему, собственно, нет иного имени и что не может быть выражено ничем другим, кроме этой абсолютной метафорой.*

В переводе ей должно уделяться особое внимание. Важно сохранять известную энигматичность, не расшифровывая и не интерпретируя её; чтобы некоторый дух загадочности оставался туманом висеть в тексте, уже утратившем мертвенный отблеск символизма, преодолевшем эту тягостную ноту. Кажется, что из обоих направлений поэзии барокко XVII века, мистического и энигматического, использовавшего символ как предшественника абсолютной метафоры (на новом витке), Тракль черпает одной мерой. В этом смысле его абсолютную метафору можно было бы назвать символом преодолённого символизма, констелляцией знаков, намекающих, или, лучше сказать, вводящих в «иное» (*fremd*) его «видений».

Цветовые эпитеты, к 1912 году переставшие носить дескриптивную функцию, становятся частным случаем абсолютной метафоры.

Например, в стихотворении «Маленький концерт» концертируют цвета и звуки (а не люди; *см. комментарии к стихотворению*).

Видя теперь весь корпус стихов, мы можем точно сказать, когда это происходит. Цветовые эпитеты обретают значение входа в транс-

---

* См. *Абсолютная метафора.* в кн.: Энциклопедический словарь экспрессионизма / Гл. ред. П. М. Топер. — М.: ИМЛИ РАН, 2008.

грессию. И одновременно образуют собственную композицию, которую можно тоже понимать как констелляцию знаков. Это такие «звучащие», или «нарисованные», или волей художника «собранные в созвездие» знаки «означенные» (цвет такой-то) и знаки «означающие» (в цвете таком-то) , что придают его путевым (прогулка это как небольшое путешествие пешком, в некотором роде странствие) фрагментарным наброскам (с причудливо разворачивающимися, казалось бы бессмысленными рядами событий) характер завершённости. Если есть фрагмент, и он в своём роде совершенен (совершён), то есть и целое, весь этот реально нереальный мир. Есть ощутимая граница, позволяющая выйти за пределы речи, за пределы той клетки, в которой проходит будничная жизнь человека. Эта двойственность зрения, унаследованная от Новалиса (и романтизма в целом), разделяющая мир на земной и небесный, зримый и незримый, обогащается яркостью образов и реалистичностью. Она обучает читателя видеть больше, чем он обычно видит, не впадая в «прелесть» двойственности. Потому что всё, что ты видишь словно бы сверхобычного, точно так же реально, как и сама реальность одновременно прекрасного и страшного мира, в котором человек живёт как «странник».

Не сам человек — как у Новалиса, а душа его Странница. Менее радикально, возможно, но для решения задач, поставленных им самому себе, более органично. Более того, все абстрактные существительные, естественные для немецкого языка в *neutrum*, сознательно переводятся на русский в среднем роде. Тут нельзя поддаваться соблазну адаптации. Если на опушке леса висит или бродит или переходит в гибель Тёмное, то так оно передаётся и по-русски. И тогда мы начинаем видеть другие наименования Странницы и Странника — (мальчик? девочка? — тёмный пол...) Тёмный род — тёмный род человеческий. Средний род. Благодаря многозначности слова *das Geschlecht* получаем из рук поэта целостную, неразложимую мифо-поэтическую картину. Странник или Странница — это и душа человеческая, и весь человеческий род («умирающий мальчик — красота возвращающегося домой рода». Домой — то есть прочь отсюда, из земной жизни). Звук, картина, звучание, речь. Сестра, *alter ego* поэта, играет сонату Шуберта ля минор.

СОДЕРЖАНИЕ:

466

2.4 ДРУГИЕ РЕДАКЦИИ ОПУБЛИКОВАННЫХ ПРИ ЖИЗНИ СТИХОТВОРЕНИЙ / DOPPELFASSUNGEN DER ZU LEBZEITEN PUBLIZIERTEN GEDICHTE ______________________________________ 335

2.5 СТИХОТВОРНЫЕ КОМПЛЕКСЫ И ФРАГМЕНТЫ / GEDICHTKOMPLEXE UND FRAGMENTE — 394

2.5.1 НАБРОСКИ К СТИХОТВОРЕНИЮ «ГЕЛИАН» / GEDICHTKOMPLEX UM HELIAN — 395

2.5.2 РАЗРОЗНЕННЫЕ ФРАГМЕНТЫ / FRAGMENTE 402

2.6 ФРАГМЕНТЫ ДРАМ / DRAMEN — 414

www.ingramcontent.com/pod-product-compliance
Lightning Source LLC
Chambersburg PA
CBHW020857060726
47591CB00004B/987